KB198000

태도의 철학

태도의 철학

Les Vertus de l'échec

EXPÉRIENCE
CORRECTION
CARACTÈRE
CONFORMITÉ
ASSUÉTUDE
HUMILITÉ
MOUVEMENT
DÉSIR
DÉFAUT
PERSONNALITÉ
DÉCISION
ENTRAÎNEMENT
QUESTION
RAISON
JOIE
DÉCOUVERTE

Ralph Waldo Emerson
Gaston Bachelard
Charles de Gaulle
Epictetus
Jean Paul Sartre
Charles Colton
Friedrich Hölderlin
Sigmund Freud
Henri Bergson
Friedrich Nietzsche
Rene Char
공자
Michel de Montaigne
Rudyard Kipling
Clément Rosset
Jacques Lacan

흔들리는 삶을 위한 16가지 인생의 자세

샤를 페팽 지음 | 이주영 옮김

다산초당

삶을 일으키는 태도는
어디에서 오는가

한번 상상해 보자. 진화론의 아버지 찰스 다윈Charles Darwin, 테니스의 황제 로저 페더러Roger Federer, 프랑스의 국민 가수 세르주 갱스부르Serge Gainsbourg 사이에는 어떤 공통점이 있을까? 화려한 성공을 거두었다는 점? 그렇다. 하지만 이들의 공통점은 이뿐만이 아니다. 모두 시련을 뼈저리게 경험했다는 점에서도 같다.

만일 장애와 역경을 경험하지 않았다면? 세상의 비난과 무시에 꺾여 좌절했다면? 실패를 반면교사 삼아

반성하거나 재기할 기회를 얻지 못했다면? 이들의 발자취는 우리가 아는 모습과 달랐을 것이다. 놀라운 업적을 남겨 사람들에게 널리 알려진 토머스 에디슨Thomas Edison, 윈스턴 처칠Winston Churchill, 프랑스 전 대통령 샤를 드골Charles de Gaulle, 스티브 잡스Steve Jobs 등도 마찬가지다.

찰스 다윈은 한때 아버지의 권유로 의과대학에 입학했다가 자퇴했고, 목사가 되려고 신학대학을 다니다가 중도 포기했다. 그리고 긴 항해를 떠나고자 비글호에 탑승하며 탐험가가 되기로 한다. 좌절에 머물렀다면 다윈은 인생을 바꿀 항해를 떠나지 않았을 것이다. 그랬다면 인류를 대하는 우리의 생각을 바꾸지도 못했을 것이다.

오늘날 로저 페더러의 테니스 경기를 보면 페더러가 분노로 고통받은 청소년기를 겪었다는 사실이 전혀 상상되지 않는다. 당시 페더러는 경기에서 패배하고 열을 내며 라켓을 집어 던지는 모습을 심심치 않게 보여주었다. 하지만 수년간 스스로를 단련하며 성장했고, 역사상 가장 뛰어난 테니스 선수가 되었다. 수많은 패배의 순간을 경험하지 않았다면 세계 1위에 오른 뒤에도 그렇게 오랫동안 자리를 지키지 못했을 것이다. 전설이 된 페어 플레이 방식, '유연한 우아함'은 결코 타고난 것이 아니다. 페더러가 노력해서 얻었기에 그만큼 아름답다.

프랑스인이 사랑하는 국민 가수 세르주 갱스부르에게 사실 노래는 그가 별로 신경 쓰지 않던 예술 장르였다. 갱스부르는 원래 화가가 되고 싶어 했다. 하지만 꿈을 포기하고 좌절을 맛봐야 했을 때 노래로 관심을 돌렸다. 정확히 말하면 화가가 되어야 한다는 압박감을 노래로 해소한 것이다. 그가 작곡가이자 가수로서 보여준 재능, 그러니까 갱스부르 특유의 음악 스타일은 부담감에서 벗어난 가벼운 마음과 연결되어 있다. 음악가 갱스부르는 시련에서 탄생한 셈이다.

제1차 세계대전 초반부터 제2차 세계대전에 이르기까지 당시 군 장교였던 샤를 드골은 국가의 방향에 관해 계속해서 목소리를 냈지만 누구에게도 인정받지 못하고 약 30년을 고군분투했다. 그는 강인한 정신력으로 이 어려운 시간을 견뎌냈고 덕분에 '프랑스의 정신을 되살리고 싶다'라는 자신의 의지가 얼마나 강한지 분명히 알게 되었다. 마침내 역사의 흐름이 바뀌었을 때 드골은 이미 준비된 상태였다. 시련을 통해 더욱 단단해져 싸움에 나설 준비가 된 것이다.

토머스 에디슨은 전구를 발명하기까지 수없이 실패했다. 어떻게 '수천 번의 실패'를 견딜 수 있었느냐는 동료의 질문에 그는 이렇게 대답했다.

"수천 번 실패한 것이 아니야. 전구가 작동하지 않는 경우를 수천 가지 알아낸 것이지."

과학자는 실수를 통해 배운다는 사실을, 에디슨은 알고 있었다. 그리고 오류를 하나씩 수정할 때마다 진리에 한 걸음 더 다가갔다.

지금까지 살펴본 사례를 통해 알 수 있는 사실이 있다. 살면서 겪게 되는 시련을 어떠한 태도로 받아들이냐에 따라 인생의 모습이 달라진다는 것이다. 시련이 만들어내는 효과도 다양하다. 시련은 포기하지 않는 의지를 만들기도 하고, 마음 편히 포기하게 도와주기도 한다. 하나의 길을 끝까지 갈 힘을 주거나 변화를 통해 도약하게 만들기도 한다. 불타는 투지를 선물할 때도 있고, 그전에는 생각지 못한 지혜를 줄 때도 있다. 단순히 다른

데 눈 돌릴 여유를 주기도 한다. 흔들리는 삶에서 중심을 잡고 살아가는 이들에게는 모두 시련을 통해 삶과 자신을 이해하려는 태도의 철학이 있다.

실패의 경험은 우리의 삶, 우리가 느끼는 두려움, 앞으로 마주할 성공에서 핵심적인 역할을 한다. 그런데 이상하게도 이 주제는 철학자들이 별로 다루지 않는다. 역사상 가장 위대한 인물로 꼽히는 철학자들도 마찬가지다. 이들은 이상과 현실, 바람직한 삶, 두려움과의 싸움, 원하는 것과 할 수 있는 것의 차이를 통찰하며 시대를 앞서갔다. 그렇다면 실패를 다룬 철학서와 명상록도 남겼어야 한다. 하지만 그러지 않았다. 실패의 지혜에 관한 플라톤Plato의 대화도, 르네 데카르트René Descartes의 담론도, 게오르크 빌헬름 프리드리히 헤겔Georg Wilhelm Friedrich Hegel의 변증법 개론도 없다. 이러한 상황에 매우 당혹스럽다. 장애물을 넘지 못해 무너지는 경험은 인생이라는 모험에서 반드시 생기는 일이기 때문이다.

강연을 다니면서 해고나 사업 실패, 또는 놓쳐버린 기회로 상처받아 다시 일어서지 못하는 직장인과 기업가를 많이 만난다. 이 중에는 유년기, 청소년기, 학창 시절, 신입 시절에 실패를 맛보지 못한 사람이 많다. 이런 사람일수록 재기하기 힘들어한다.

고등학교에서 철학을 가르치다 보니 성적이 좋지 않아 잔뜩 풀 죽은 학생들도 자주 본다. 그런데 그 누구도 이 학생들에게 인간은 실패할 수 있다는 이야기를 해주지 않는다.

"우리는 언제든 실패할 수 있다."

너무나도 단순한 이 문장에는 진실이 담겨 있다. 동물은 본능에 따라 행동하기에 실패할 수가 없다. 예를 들어 새는 매번 둥지를 완벽하게 만든다. 본능적으로 무엇을 해야 하는지 알기 때문이다. 따라서 새는 '굳이' 실패에서 교훈을 얻을 필요가 없다. 하지만 우리는 장애물과 맞닥뜨리면서 인간이란 무엇인지, 삶이란 어떤 것인지 깨닫는다. 우리는 본능을 따르는 동물도 아니고 완벽하게 프로그래밍이 된 기계도 아니며 신도 아니다. 우리는 인간이기에 실패할 수 있다. 인간은 자유롭게 실수하고 수정하고 진보하는 자유로운 존재다.

실패를 다룬 철학자들의 사상은 그래서 더 귀하다.

고대 스토아 철학자들이 내세운 사상이 그렇다. 스토아 철학자들은 현실을 받아들이는 것이 지혜롭다고 주장했고, 첫 번째 실수에 두 번째 실수를 더하지 말라고 가르쳤다. 프리드리히 니체Friedrich Nietzsche의 글에도 다음과 같은 내용이 등장한다.

"사람은 자신을 묶고 있는 쇠사슬은 풀지 못해도 그 벗에게는 구원자가 될 수 있다."

시련을 통해 얻은 깨달음으로 다른 사람에게 기여할 수 있다는 것이다. 장 폴 사르트르Jean Paul Sartre의 실존주의 철학이 담긴 글에서도 예시를 발견할 수 있다.

"만일 우리가 본질 안에 갇혀 있지 않다면 그것은 실패 덕분이다. 시련을 통해 새로운 발견을 하고 미래로 나아갈 수 있기 때문이다."

가스통 바슐라르Gaston Bachelard의 철학에서는 실패의 미덕이 더욱 분명하게 나타난다. 그는 "오류를 정신분석할 용기가 있는 사람"을 천재라고 정의한다.

이 책은 이러한 철학자들을 출발점으로 삼으려고 한다. 하지만 이것만으로는 충분하지 않다. 우선 이들을 통해 시련에서 얻는 지혜가 무엇인지 윤곽을 잡아갈 것이다. 그다음에는 예술가의 글, 정신분석학자의 실험, 위인의 회고록과 경전, 그리고 재즈 뮤지션 마일스 데이비스Miles Davis가 전해주는 영감 가득한 성찰, 테니스 선수 앤드리 애거시Andre Agassi가 깨달은 인생 교훈, 작가 조지프 러디어드 키플링Joseph Rudyard Kipling의 통찰력 넘치는 시를 살펴보려 한다. 이 여정은 끝없이 파도치는 인생에서 조급함을 내려놓고, 불완전한 삶을 끌어안으며 나아가는 태도를 알려줄 것이다.

2부 자아는 지금도 만들어지고 있다
나 마주하기

1부

현실은
정의롭지도,
부당하지도
않다

EXPÉRIENCE   Ralph Waldo Emerson

CORRECTION   Gaston Bachelard

CARACTÈRE   Charles de Gaulle

CONFORMITÉ   Epictetus

ASSUÉTUDE   Jean Paul Sartre

HUMILITÉ   Charles Colton

MOUVEMENT   Friedrich Hölderlin

DÉSIR   Sigmund Freud

DÉFAUT   Henri Bergson

PERSONNALITÉ   Friedrich Nietzsche

DÉCISION   René Char

ENTRAÎNEMENT   老子

QUESTION   Michel de Montaigne

RAISON   Rudyard Kipling

JOIE   Clément Rosset

DÉCOUVERTE   Jacques Lacan

삶 마주하기

삶은 경험이다.
더 많이 경험할수록 더 나아진다

_랠프 월도 에머슨

1999년 한겨울, 프랑스 타르브에서 일어난 일이다. 열세 살의 스페인 선수가 세계 테니스 챔피언 청소년 대회 준결승전에서 패배했다. 이 소년을 이긴 상대는 나이도, 키도 같은 프랑스 선수로, '프랑스 테니스계의 모차르트'로 불릴 만큼 천재적인 실력을 갖춘 리샤르 가스케 Richard Gasquet였다. 전문가들은 열세 살의 나이에 가스케처럼 완벽한 기술을 선보이는 선수는 그 어디에도 없다고 입을 모아 말했다. 가스케는 아홉 살 때부터 이미 스포츠 잡지 《테니스》 1면에 실려 온 국민의 기대를 한 몸에 받는 챔피언으로 소개되었다. 완벽한 동작과 아름다운 백핸드 기술, 공격적인 경기 스타일은 상대 선수의 자존심에 상처를 입히기에 충분했다.

이 경기는 지금도 유튜브에서 볼 수 있는데 가스케의 경기 기술은 여전히 눈길을 사로잡는다. 일찌감치 테니스공을 장악하고 코트에서 상대를 압도하기 때문이다. 그런데 공격적으로 공을 내려치는 가스케의 기술은 아이러니하게도 훗날 상대 선수에게 승리를 안겨주는 원동력이 된다.

그 겨울, 가스케와의 경기에서 패배하고 지친 듯이 의자에 털썩 주저앉아 버린 스페인 선수 라파엘 나달 Rafael Nadal은 놀랍게도 이후 세계 1위에 올라 수년간 1위 자리를 굳건히 지키고, 그랜드 슬램 타이틀 12회를 포함해 60개의 선수권 대회에서 우승한다.

반면에 가스케는 세계 선수 7위까지 올랐지만, 지금까지 한 번도 그랜드 슬램 대회에서 우승하지 못했다. 보유하고 있는 타이틀도 아홉 개뿐이다. 앞으로 더 나은 성적을 거둔다고 해도 나달 같은 선수는 될 수 없을 것이다. 여기서 궁금증이 생긴다. 도대체 어디에서 차이가 생긴 것일까.

승리가 주지 못하는 것

나달의 이력을 살펴보면 힌트를 찾을 수 있다. 그는 어릴 때 수많은 경기에서 패배하며 실패를 경험했다. 그리고 오른팔의 기술을 정석대로 구사하지 못했는데, 이 때문에 자신만의 독특한 기술을 만들 수밖에 없었다. 공을 내리친 후 라켓을 올가미처럼 돌리는 기술이다. 이는 훗날 생각지도 못하게 그만의 특별한 경기 스타일로 자리 잡는다.

나달은 가스케와의 경기에서 패배한 뒤 열네 번을 더 겨루고, 모두 승리한다. 아마도 그날 타르브에서 졌을 때 나달은 삼촌이자 코치인 토니 나달Tony Nadal과 함께 가스케의 경기 기술을 철저하게 분석하고 배웠을 것이다. 단 한 번의 실패가 열 번의 승리보다 많은 가르침을 준 셈이다. 어쩌면 나달은 그 경기를 통해 자신의 공격력이 어느 정도인지 제대로 알았을지도 모른다. 패배한 경험이 전화위복이 되어 자신의 재능을 더 빨리 파악한 것만은 분명하다. 2년 뒤 나달은 세계 테니스 챔피언 청소년 대회에서 우승을 거머쥔다.

어쩌면 여기서 가스케의 문제도 찾을 수 있을지 모른다. 가스케는 열여섯 살까지 놀라울 정도로 승리에 승리를 거듭하며 화려한 첫발을 내디뎠다. 그런데 소중한 훈련 기간 동안 충분히 실패를 경험하지 않았다면 어떨까? 첫 실패를 너무나 늦게 경험했다면? 실패 경험이 거의 없어서 현실을 극복할 이유도 없고 현실에 관해 질문하고 분석할 기회도 없었다면? 그래서 불가사의한 현실 앞에서 놀랄 기회도 없었다면?

성공은 기분 좋은 일이지만 실패보다 가르침을 제대로 주지 못할 때가 많다. 승리는 패배를 해봐야 얻을 수 있다. 얼핏 모순된 말처럼 들리지만, 이 안에 인간 존재의 비밀이 담겨 있다. 실패를 경험해야 만만치 않은 현실의 벽 앞에서 무엇을 할지 스스로 질문하고, 문제를 모든 각도에서 살펴보기 때문이다. 한 단계 도약할 발판을 찾는 셈이다.

현실을 받아들이는 연습

스타트업 창업가를 연구하는 실리콘밸리의 몇몇 이론가는 '빠르게 실패하기 fail fast'와 '빠르게 실패하고 빠르게 배우기 fail fast, learn fast'를 높이 평가한다. 실패의 미덕을 강조하기 위해서다. 이론가들의 주장에 따르면 빠르게 실패해 빠르게 교훈을 얻은 창업가들이 실패 없이 성공 가도를 달린 창업가들보다 더 크게 성공한다. 창업하고 처음 몇 년은 배우고 싶은 열망에 휩싸여 눈앞에 장애물이 보여도 부지런히 극복하면서 순간순간 교훈을 얻기 때문이다. 이론가들은 시련이 최고의 이론보다 더 빠르게 성장시킨다고 강조한다.

이 말이 사실이라면 시련 없이 고용시장에 진출한 진지하고 착실한 모범생들에게 무엇이 부족한지 알 수 있다. 군말 없이 규칙을 따르고 배운 것을 잘 응용하면서 살아온 모범생들은 도대체 무엇을 배웠을까? 급변하는 사회에서 꼭 필요한 재기의 힘이 이들에게 있을까?

프랑스에서는 고등학교 3학년 1학기부터 철학을 배운다. 그 철학 수업에서 학생들은 한 번도 해본 적 없는 시도를 한다. 자기 생각과 알고 있는 지식을 총동원해 자유롭게 의견을 이야기하고, 존재에 관해 최대한 과감하고 방대한 질문을 던지는 것이다.

철학 교육에 바친 30여 년의 경험을 통해 단언하자면, 처음 철학 과제를 할 때 아무런 질문도 없는 무난한 과제로 평균 점수를 받는 것보다 멋지게 망치는 편이 낫다. 형편없는 점수를 받으면 어떤 변화가 필요한지 알 수 있기 때문이다. 이유도 모르고 성공해 버리는 것이 아니라 시련을 통해 새로운 질문을 던질 때 성장한다. 실패를 받아들이고 다시 질문하는 연습을 충분히 하면 성공만 경험할 때보다 생각이 깊어진다.

나는 파리정치대학(시앙스포 Sciences Po) 입시를 준비하는 여름 방학 집중 수업에서 '일반 상식' 과목을 맡아 오랫동안 철학을 가르쳐왔다. 이 집중 수업은 고등학교를 막 졸업한 학생들을 대상으로, 소 Sceaux 마을에 위치한 라카날 고등학교의 꽃이 만발한 공원에서 이루어진다. 일반적으로 수업은 7월 중순 시작되어 5주 동안 이어진 뒤 8월 말에서 9월 초에 입학시험을 치르는데, 이 짧은 기간 동안 이곳 명문 학교에서도 비슷한 현상이 발견된다. 수업 초반에는 점수를 괜찮게 받았던 학생들이 오히려 파리정치대학 입학시험에 떨어지는 경우가 많은 것이다. 반면 처음에는 형편없는 점수를 받던 학생들이 5주 후 파리 생 기욤 거리의 파리정치대학에 당당히 합격하곤 한다.

초반에 시험 점수가 낮았던 학생들은 실패를 통해 처음부터 위기의식을 느끼고, 이를 계기로 새로운 현실을 대면할 기회를 얻는다. 반면 평균 점수로 시작한 학생들은 아무것도 깨닫지 못한다. 이들이 작은 성공에 안도하며 잠들어 있는 동안, 점수가 나빴던 학생들은 정신을 번쩍 차리는 것이다. 5주라는 짧은 기간의 사례만 봐도 실패하지 않는 것보다 실패를 인정하는 것이 더 나은 결과를 만든다. 즉 빠르게 시련을 경험하고 빠르게 고쳐가는 쪽이 전혀 실패하지 않는 쪽보다 낫다.

영원할 것이라는 착각

실패를 바라보는 이러한 관점은 당연하게 보여도

프랑스에서 이렇게 생각하는 사람은 의외로 많지 않다. '빠르게 실패하기 fast fail'와 반대되는 개념은 '빠른 길 fast track'인데, 여러 면에서 프랑스인이 목표로 하는 성공 개념이다. '빠른 길'에서는 가장 빨리 성공 트랙에 오르는 것을 중요시한다. 실제로 많은 프랑스인이 이 개념에 병적일 정도로 집착한다(최근의 한국 사회도 프랑스와 비슷하다 —편집자).

미국, 영국, 핀란드, 노르웨이에서 기업가, 정치인, 스포츠 선수들은 초반에 겪은 실패를 숨기지 않는 편이다. 마치 흉터를 자랑스럽게 드러내는 전사처럼 말이다. 그러나 프랑스처럼 고리타분한 나라에서 자신의 삶을 평가하는 기준은 고작 부모님 집에 얹혀살면서 취득한 학위뿐이다.

기업 강연을 다니면서 임원과 간부를 종종 만나는데, 이들은 자신을 소개할 때 'HEC 76', 'ENA 89', 또는 'X 80'이라고 지칭한다. 그러니까 유럽 최고의 경영대학원 HEC파리를 1976년 졸업했고, 엘리트 양성의 중심 기관인 국립행정학교ENA를 1989년 졸업했고, 명문 대학 에콜 폴리테크니크('X'라고도 부른다—옮긴이)를

1980년 졸업했다는 뜻이다. 이런 방식의 자기소개를 들을 때마다 당사자가 어떤 메시지를 전하는지 분명히 알게 되어 깜짝 놀란다. 스무 살에 취득한 학위가 자신의 평생 정체성이자 가치라는 뜻이기 때문이다.

이러한 자기소개는 '빠르게 실패하기'와는 반대되는 '빠르게 성공하기'라고 할 수 있다. 마치 단 한 번의 시도로 모든 위험을 피해 성공적인 커리어의 길에 오르는 것이 가능하고 바람직하다는 메시지처럼 들린다. 스무 살에 이룬 성공으로 장차 모든 인생을 정할 수 있다는 것이다.

그런데 이들이 젊었을 때 받은 졸업장에 집착하는 이유는 사실 현실이 두렵기 때문이다. 어째서 이를 깨닫지 못하는 것일까? 끊임없이 부딪쳐야 현실을 직시할 수 있는데 말이다. 가스케와 나달의 이야기에서 알 수 있듯이 실패는 자신의 끈기를 시험해 보는 기회이기도 하다. 좌절해 봐야 딛고 일어서는 법을 알게 되는 것이다.

프랑스 사회에서 '빠른 길'이라는 해로운 이데올로기는 심각한 부작용을 낳고 있다. 프랑스 중고등학교에서는 교사·교수 자격증의 여부에 따라 교사를 크게 두

종류로 나눈다. 자격증을 취득하지 못한 중고등 교사는 주 18시간을 가르친다. 하지만 자격증을 취득한 교사는 주 14시간을 가르치고 보수는 더 많이 받는다. 이러한 격차는 경력이 쌓일수록 벌어지기에 '빠르게 실패하기'를 적용하기는 어려워 보인다. 스물두 살에 자격증 취득에 실패하면 평생 더 많이 일하고 보수는 훨씬 적게 받는 이 부조리한 시스템에서 경험의 가치는 무시당하기 때문이다.

학생들의 사정도 비슷하다. 대부분 고등학생이 되자마자 전공 분야를 정하고 지원한 전공 반에 떨어질까 봐 불안해한다. 아직 열여섯 살도 안 됐는데 어른들로부터 "지금 진로를 잘못 정하면 큰일 난다"라는 소리를 듣곤 한다. 하지만 학생들에게 자신의 길은 때로는 실수하면서 찾아가는 것이라고 알려주어야 한다. 그리고 성공보다 실패를 경험해야 더 빨리 성장할 수 있다고 말해주며 마음을 다독여야 한다. 가스케에게 패배한 덕분에 훗날 더 크게 승리한 나달의 이야기와 함께, 보스턴 의과대학 교수들의 학생 선발 기준을 들려주어야 한다.

보스턴 의과대학에서는 지원자가 너무 많고 실력이

비슷하면 이미 실패를 경험한 지원자를 우선 선발한다. 다른 분야를 전공했다가 잘못된 선택임을 깨닫고 다시 의학을 선택한 학생을 교수가 선호하기 때문이다. 교수들은 진로를 잘못 선택한 적 있는 학생이 더 빨리 성장하고 자신이 해야 할 일을 더 빨리 알아차린다고 생각한다. 한마디로 자신을 더 잘 안다는 것이다. 진로를 틀어 의대에 지원한 학생이라면 다시 한번 진로를 바꿀 확률이 낮기에 의사가 적성에 안 맞는다며 몇 달 만에 그만두는 비율도 줄일 수 있다.

삶은 경험이다

'빠른 길'이라는 프랑스식 성공 방정식에 고통받는 이들은 고등학생, 대학생만이 아니다. 프랑스에서는 기업인이 파산하면 극복하기 힘든 핸디캡이 된다. 실패한 기업인이라는 낙인이 찍혀 새로운 비즈니스 프로젝트에 필요한 자금을 조달받기 힘들어지기 때문이다. 그러나 '빠르게 실패하기'의 나라인 미국에서는 실패한 기업인에게 같은 실수를 반복하지 않을 사람이라는 이미지가 생겨서 오히려 신뢰를 보증받는다. 미국에서 실패는 성숙함의 증거로 작용하기 때문이다. 그래서 실패한 기업인이 더 쉽게 대출받는다. 프랑스와는 완전히 반대다.

프랑스 중앙은행은 2013년까지 '코드040'이라 불리는 기업인 블랙리스트를 가지고 있었다. 법정관리를 신청한 기업인이 코드040을 부여받을 경우, 실패자로 낙인찍혀 새로운 비즈니스 프로젝트가 있어도 대출을 받기 어려웠다. 다행히 이 블랙리스트는 불법 판결을 받아 사라졌지만, 은행과 투자자는 여전히 파산한 기업인을 곱지 않은 시선으로 바라본다.

똑같이 실패해도 프랑스에서는 비난받지만 미국에서는 대담한 성격으로 높게 평가받는다. 프랑스에서는 젊은 나이에 실패한 사람을 출세는 이미 글러버린 사람이라고 생각하지만, 미국에서는 일찌감치 자신의 길을 찾기 시작한 사람이라고 본다.

이것만 봐도 프랑스의 문제가 무엇인지 알 수 있다. 이성을 중시한 나머지 학위는 지나치게 우대하면서 경험은 과소평가하는 것이다. 플라톤과 데카르트의 후손

인 프랑스인은 지나치게 합리주의적이지만 경험주의적인 부분은 매우 부족하다. 존 로크John Locke, 데이비드 흄 David Hume, 랠프 월도 에머슨Ralph Waldo Emerson처럼 경험주의 철학자들이 앵글로색슨족이라는 사실은 우연이 아닌 듯하다. 데이비드 흄은 다음과 같이 말하며 지식은 경험에서 나온다고 주장했다.

"삶은 경험이다. 경험은 많이 하면 할수록 좋다."

몇 세기 후 미국의 철학자 에머슨이 이러한 흄의 생각을 계승했다.

실패를 경험한다는 것은 삶 자체를 경험하는 것과 같다. 성공에 취하면 공중에 붕 떠 있는 기분이 든다. '실감하지 못해서' 드는 기분이다. 반대로 시련을 마주할 때는 미처 알지 못한 현실과 충돌하고 부딪친다. 놀라움과 깨달음을 주는 것, 이론으로 한정 지을 수 없는 것이 실패다. 실패 그 자체가 삶을 정의하는 것이 아닐까? 빠르게 무너질수록 그만큼 일찍 인생에 대해 질문하게 된다. 어쩌면 이것이야말로 성공에 꼭 필요한 조건일 것이다.

인간만이
실패를 통해 배운다

_가스통 바슐라르

바슐라르는 학자를 "처음에 저지른 오류를 인정하고 이를 수정할 힘이 있는 사람"이라고 정의한다. 그에 따르면 위대한 과학자도 처음에는 실수하고 사물을 잘못 인식한다. 다만 과학자는 가설을 증명하기 위해 실험하고 '자연법칙'이라는 현실과 마주하면서 초기의 오류를 수정하는 남다른 용기를 보여준다.

예를 들어 과학자들도 처음에는 스펀지가 '물을 흡수'하고 나뭇조각이 '물에 뜬다'라고 생각했다. 하지만 실험을 통해 스펀지가 아무것도 흡수하지 않는다는 사실을 깨닫고, 주변에 모인 물방울이 스펀지의 구멍 속으로 스며든다는 새로운 사실을 발견한다. 나뭇조각이 물에 뜨는 것처럼 보이는 것도 물체의 부피와 물의 양의 관계가 만들어낸 결과라는 사실을 알아낸다(아르키메데스의 원리를 따른 현상이다). 이 두 가지 예시에서 바슐라르는 급진적인 결론을 끄집어낸다.

"진리는 수정을 거친 오류일 뿐이다."

바슐라르는 저서 『과학 정신의 형성La Formation de l'esprit Scientifique』에서 과학의 역사를 되짚으며 그 어떤 학자도 오류를 범하지 않고 진실에 다가갈 수 없다고 주장한다. 당구 경기에서 득점하려면 공이 여러 경로를 거쳐야 하는 것처럼 진실을 향한 길도 직선일 수 없다. 처음에 느끼는 직관은 너무나 어설퍼서 자연법칙을 밝혀내기 힘들다. 직관을 통해 우리의 정신이 어떻게 작동하는지는 알 수 있어도 세상이 어떻게 돌아가는지는 알 수 없다. 따라서 처음에 느낀 직관이 오류라는 것을 확인해야 진실에 다가갈 수 있다.

바슐라르는 "초기의 직관이 지닌 불순한 콤플렉스

를 뒤흔들 수 있어야 한다"라고 주장한다. 이를 위해 필
요한 것이 노력과 용기다. 이렇게 수정을 거친 오류는
도약대와 같아서, 지식으로 이르는 원동력이 된다. 단순
히 빨리 배우는 데서 끝나지 않는 것이다. 수정된 오류
는 학자에게 유일한 배움의 방식이자 진실을 발견하는
길이 된다. 문제를 겪지 못한 학자, 첫 번째 직관이 실패
로 돌아간 경험을 하지 못한 학자는 이후에 아무것도 발
견할 수 없다.

호기심을 유지하는 힘

제너럴 일렉트릭을 창업한 토머스 에디슨은 평생
1000개가 넘는 특허를 등록했다. 그는 축음기뿐만 아니
라 훗날 영화를 탄생시킬 장비도 발명했다. 하지만 우
리는 이 모든 것에 앞서 1878년 에디슨이 뉴저지의 작
업실에서 전구를 발명하기 위해 밤을 새웠던 일에 주목
하려 한다. 그는 매일 4시간만 자면서 연구에 열중했다.
그리고 가스로 채워진 전구에 텅스텐 필라멘트를 연결

해 불을 켜기 위해 수천 번의 실험을 했다.

어째서 에디슨은 절망하지 않았을까? 도대체 어떻게 해서 실험에 계속 매달릴 수 있었을까? 이 질문에 사람들은 그의 남다른 의지를 꼽곤 한다. 마치 성공의 열쇠가 단순히 열정에 있는 것처럼 말이다. 그러나 이는 본질을 놓친 대답이다. 사실 에디슨은 실패를 통해 자연의 법칙을 배우는 일에 관심이 매우 많았다. 그는 실패해야 성공할 수 있으며 그 어떤 학자도 한눈에 진리를 알아볼 수 없다는 사실을 알고 있었다. 그렇게 에디슨은 최초의 전구를 발명하는 데 성공한다.

에디슨의 남다른 창의력은 현실을 바라보는 태도에서 나왔다. 그는 단 한 번도 현실을 쉽게 주무를 수 있는 지점토로 생각하거나 자신의 능력을 보여줄 기회로 생각하지 않았다. 오히려 그에게 현실은 질문해야 할 주제, 풀어야 할 수수께끼, 끊임없이 놀라움과 감탄을 안겨주는 마르지 않는 샘이었다.

이러한 에디슨의 태도에서 우리는 인생의 시련을 바라보는 법을 배울 수 있다. 그는 텅스텐 필라멘트에 불이 들어오지 않아도 실패했다고 생각하지 않았다. 적어도 시도는 해봤기 때문이다. 덕분에 호기심을 계속 유지할 수 있었다. 에디슨은 진실에 다가가려면 오류를 먼저 저지를 수밖에 없다는 걸 알고 있었다.

"실험에 많이 성공했다고 해서 진리를 증명할 수는 없다. 한 번만 실험에 실패해도 그것이 틀렸음을 증명할 수 있기 때문이다."

알베르트 아인슈타인Albert Einstein의 통찰력 있는 말이다. 단 한 번의 실험으로는 이론을 증명할 수 없다. 설령 실험에 성공했다고 해도 반론을 제기하는 사례가 나올 수 있기 때문이다. 반대로 실험에 실패하면 그 이론에 오류가 있다는 사실이 증명된다. 실패한 실험이 성공한 실험보다 더 결정적으로 지식을 발전시키는 셈이다.

"승리에서 배우는 것은 적고, 실패에서 배우는 것은 많다."

이 일본 속담보다 과학자의 끈기를 잘 설명해 주는 말은 없다. 과학자들은 가설 증명에 실패해도 결코 시간 낭비라고 생각하지 않는다. 계속 발전하고 있다고 생각하기 때문이다. 그렇게 물질의 성질을 조금 더 알아가기에 시련을 견딜 수 있다.

오답은 수치스러운 게 아니다

과학자들은 의학, 신경과학, 생물학, 물리학, 우주물리학 실험실에서 실패의 미학을 배운다. 연구가 깊어져 오류를 분석할 때도 오류를 부정하지 않고 당연한 것으로 여기거나 진리를 알아가는 과정에서 경험하는 달콤한 요소로 받아들인다. 프랑스의 교육 현장과는 너무나도 대조적인 풍경이다. 분명 실수하면서 배운다고 말하는 교사들도 있다. 하지만 전반적으로 프랑스의 교육제도는 실수를 통해 배우는 공부에 무관심하다.

우리는 앞에서 바슐라르의 설득력 있는 주장을 살펴보았다. 실패를 하나의 과정으로 보는 바슐라르의 관점에서 생각할 때, 학습 내용을 이해하지 못하거나 응용하지 못한다는 이유로 학생의 자존감에 상처를 내는 교육 방식을 어떻게 받아들여야 할까? 시험 성적이 나쁜 학생은 손가락질당하는 경우가 많다. 성적이 나쁘면 열심히 공부하지 않았거나 공부할 의지가 없거나 심지어 머리가 나쁜 학생이라고 '찍힌다.' 틀린 문제를 이해할 기회로 볼 수도 있는데 말이다. 놀랍게도 프랑스의 초등학생 대부분은 오답을 수치스럽게 생각한다. 하지만 정작 전 세계의 연구가들은 실수하는 것은 당연하며 배우는 과정에서 꼭 필요하다고 본다.

OECD가 회원국의 학생들을 대상으로 조사한 국제 학업성취도 평가보고서 PISA에 따르면, 프랑스 학생들은 문제를 풀 때 자신의 답이 틀릴까 봐 지나치게 두려워하는 것으로 나왔다. 평균적으로 지식 습득 능력은 뛰어나지만 정답을 맞히지 못하느니 차라리 아무런 답도 내놓지 않는 편을 선택한다는 것이다. 학교에서 실수를 부정적으로 평가하고, 나아가 심각하고 불명예스러운 것으로 여기기 때문이다.

하지만 얼마나 많은 천재, 과학자, 예술가가 실수를 통해 성장했는지 학생들에게 일깨워줘야 한다. 이들이 실수를 통해 깨달은 것, 그리고 실수하지 않았다면 절대로 알지 못했을 것이 무엇인지 가르쳐야 한다. 수없이 지우고 고친 흔적으로 가득한 화가들의 스케치북, 작곡가들이 끊임없이 음표를 수정하다가 열받아서 줄을 직직 그어버린 악보를 학생들에게 보여주어야 한다.

소설가 마르셀 프루스트 Marcel Proust의 「꽃핀 소녀들의 그늘에서」 초고는 프랑스 국립 도서관에 보관되어 있는데, 놀랍게도 무수히 고친 흔적과 수정하고 재배치한 문장으로 가득하다. 만족스러운 문장을 쓰려면 실수부터 해야 하는 것이다.

가장 아름다운 장면은 절대로 한 번에 만들어지지 않는다. 수정을 거듭하며 만들어진다. 사뮈엘 베케트Samuel Beckett가 말한 "실패할 것. 더 많이 실패할 것"과 통하는 이야기다. 베케트에게 실패는 예술가라는 직업을 정의하는 키워드였다. 그리고 이는 인생을 완성하는 비결이기도 하다.

2015년 롤랑가로스 프랑스 오픈, 2014년 호주 오픈과 데이비스컵에서 우승한 스위스의 테니스 선수 스타니슬라스 바브링카Stanislas Wawrinka는 이 사실을 깨달은 것 같다. 그는 베케트의 저서 『최악의 경우Cap au pire』에 나오는 다음 문장을 왼쪽 팔에 새겨 넣었다.

"이미 시도했고 이미 실패했다. 하지만 상관없다. 다시 시도하라. 다시 실패하라. 더욱 잘 실패하라."

왜 이 문장을 선택했느냐는 질문에 바브링카는 희망을 얻기에 이보다 좋은 문장이 없기 때문이라고 답했다.

동물과 신이 하지 않는 것

예술 창작 과정에서 일어나는 모든 실패는 과학자가 마주하는 오류와 비슷하다. 예술가는 이를 불쾌한 경험이 아니라 작품을 완성하기 위해 거쳐야 하는 과정으로 받아들인다. 예술가와 과학자도 우리처럼 실패했을 때 패배감으로 온몸이 마비되는 듯한 기분에 사로잡힌다. 하지만 그들은 곧바로 다시 작업에 몰두한다. 두 눈을 크게 뜨고 기쁨을 발견하며 새로운 단계를 조금씩 밟아나간다. 당연한 오류를 괴로운 일로 여기는 이유는 패배감을 느끼기 때문인데, 실패를 인정하는 문화는 이러한 패배감으로부터 우리를 보호해 준다.

과학이 두려운 사람이라면, 우선 과학자는 실수를 두려워하지 않는다는 것을 알아야 한다. 그리고 바슐라르의 말처럼 과학의 발전도 오류를 수정해 나가는 과정의 연속이라는 사실을 알아야 한다. 글쓰기 앞에서 잔뜩 주눅이 든 사람이라면 프루스트가 수없이 고쳐 쓴 원고를 보면 좋다. 학교에서 학생들의 과제를 평가할 때도 '형편없음', '부족함' 같은 문구로 가혹하게 재단하기보다 "프루스트처럼 해봐요. 다시 써보는 것이 어떨까요?" 하고 응원하며 조금 더 열린 방식으로 평가하면 어떨까.

"실수는 인간적이다"라는 속담이 있다. 흔히 우리는 이 속담을 '실수는 별일이 아니며 용서할 만한 것'이라는 뜻으로 받아들인다. 하지만 이 속담에는 바슐라르의 논제가 밝혀낸 더 깊은 뜻이 있을지도 모른다. 실수는 삶을 배우는 인간만의 방식이라는 것이다. 동물도, 기계도, 신도 실수를 통해 배우지 않는다.

이 속담은 다른 관점에서도 이해할 수 있다. 출처는 분명하지 않지만, 이 문장은 세네카Seneca나 키케로Cicero 같은 스토아 철학자의 글에도 등장하고 아우구스티누스Augustinus 같은 신학자의 글에도 나온다. 대체로 첫 부분만 인용하는 경우가 많은데, 문장 전체는 다음과 같다.

"실수는 인간적이지만 이를 반복하는 것은 악하다."

실수는 얼마든지 할 수 있지만 이를 통해 무언가를 배우지 못하고 같은 결과를 반복해서는 안 된다는 것이다. 이러한 태도와 관련해 어느 기업 대표는 다음과 같이 말했다.

"직원이 처음 실수했을 때는 '브라보'라고 해줍니다.

하지만 다음에 같은 실수를 하면 '바보'라고 부릅니다."

처음에는 이 말이 오만하고 무례하게 들려서 마음에 들지 않았다. 하지만 그건 위대한 예술가와 과학자에게 배운 교훈을 잊었기 때문이었다. 이제 나는 이 말이 매우 지혜롭다고 생각한다.

지혜의 반대말은
현실 거부다

_에픽테토스

"신이시여, 제가 바꿀 수 없는 것을 받아들이는 힘을, 제가 바꿀 수 있는 것을 바꿀 의지를, 그리고 이를 구분하는 지혜를 주소서."

로마제국의 황제 마르쿠스 아우렐리우스Marcus Aurelius의 이 기도문은 스토아학파의 정수를 보여준다. 그는 스토아 철학을 행동의 지혜로 보았는데, 수많은 경전이 그렇듯 이 기도문에는 삶을 바꾸는 힘이 있다.

이 기도문이 전하는 메시지는 정확히 무엇일까? 어

쩔 수 없는 것을 바꾸려는 시도는 헛되다는 것이다. 우주의 힘을 바꾸려 하는 것도 마찬가지다. 차라리 자신이 바꿀 수 있는 일에 힘을 쏟는 편이 낫다. 바꿀 수 없는 일에 맞서느라 애쓰지 않고, 할 수 있는 일에 힘을 쏟는 것이다.

원하면 할 수 있다는 착각

아쉽게도 우리는 이 좋은 지혜를 제대로 활용하지 못하고 있다. 지나치게 현대적인 것에 익숙해졌기 때문이다. 수 세기 동안 과학과 기술이 발전하면서 옛사람들의 지혜와 멀어졌다. 그리고 어릴 때부터 "무엇이든 원하면 할 수 있다"라는 말을 들으며 자랐다. 그래서 의지만 있으면 무엇이든 이룰 수 있다고 착각한다. 하지만 이는 현실을 모르는 소리다. 현실은 재미로 만지작거리는 지점토가 아니다. 모두 자기 하기 나름이라고 생각하면 마음만 조급해진다.

시작한 일이 잘될 때는 스토아학파가 밝혀낸 진실이

들리지 않는다. 현실은 결코 내 뜻대로 움직이지 않는다는 진실 말이다. 하지만 최선을 다하고도 실패하면 우리 앞을 가로막는 세상이 만만치 않음을 깨닫게 된다. 그제야 현실을 인정한다. 나의 의지대로 무엇이든 할 수 있다면 애당초 실패할 일도 없을 것이다.

내가 할 수 있는 일과 내가 할 수 없는 일을 구별하는 지혜도 넘어져 봐야 얻을 수 있다. 그리고 이렇게 생긴 지혜는 자연스럽게 성공으로 이어진다. 아우렐리우스가 『명상록』에서 계속 강조하는 내용이다. 그는 행동하기에 앞서 자신의 의지로는 어떻게 할 수 없는 일이 무엇인지 판단한 뒤에 그것을 억지로 바꾸려 하지 말라고 조언한다. 내가 바꿀 수 있는 것을 바꾸려는 의지, 그리고 바꿀 수 없는 것을 바꾸려고 하지 않는 힘이 필요하다는 것이다. 이러한 태도는 시간과 에너지를 상당히 절약할 수 있다.

내가 만나본 경영자들은 아우렐리우스의 지혜를 받아들인 이후에 일하는 방식을 대대적으로 바꾸었다. 현실을 제대로 알지 못한 채 여기저기 뛰어다니며 바쁘게 일하는 대신 할 수 있는 일에 집중한다. 의지만 있으면 무엇이든 가능하다는 망상에 집착하지 않고 전략적으로 접근하는 것이다. 힘의 관계를 판단하고 움직이기에 무리하게 밀어붙이지 않는다. 이들은 이러한 태도가 비즈니스 협상에서 강력한 효과를 발휘한다고 말한다.

바꿀 수 없는 세계를 다루는 법

지혜의 반대말은 현실 거부다. 무언가 뜻대로 되지 않을 때 이번에는 내 선택이 잘못되었음을 인정하지 않으면 그로부터 얻을 수 있는 이익을 놓친다. 학생들을 가르치면서 매일 확인하는 진실이다. 시험 점수를 받은 뒤 교사가 불공정하게 점수를 매긴다고 불평하는 학생, 시험지를 가방 깊숙이 집어넣고 더 이상 보지 않으려는 학생은 모두 현실을 인정하지 않는 것이다. 이들은 점수가 낮은 원인에 대해 차분히 생각할 시간을 놓친다. 이 시간을 빨리 잊고 싶은 불쾌한 순간이 아니라 급하게 달려온 삶에서 잠시 멈출 기회라고 생각하면 어떨까? 현실을 거부하면 그 기회를 버리는 셈이다.

스토아학파에서는 실패를 깊이 받아들이라고 말한다. 바로 그 실패가 현실의 본질에 관해 무언가를 말하고 있기 때문이다.

아우렐리우스는 우주를 닫힌 세계이자 힘이 지나가는 거대한 '매듭'으로 보았다. 그리고 통치란 우주적 힘이 지탱하는 정책 속에서 시대의 흐름을 따르는 인간이 프로젝트를 시도하는 것이라고 했다. '우리의 의지에 달린 것'을 바꾸려면 '우리의 의지로 바꿀 수 없는 힘'을 다루어야 하는 것이다.

이러한 관점에서 보면 우주의 힘과 시대의 흐름에 정면충돌하는 정책은 반드시 실패한다. 그리고 우리의 의지로 바꿀 수 없는 힘이 무엇인지에 관해 귀한 정보를 제공한다. 이러한 정보야말로 미래에 성공을 보장하는 결정적 요인이 된다. 아무리 크게 좌절해도 그 속에서 교훈을 찾아내는 지혜를 얻을 수 있다는 것이다. 이것은 실패를 현실과의 특별한 만남으로 생각하는 태도다. 여기서 현실이란 우주의 힘, 자연의 법칙, 또는 시장의 규칙을 가리킨다.

이기거나 배우거나 둘 중 하나다

2014년 데이비스컵 결승전에서 로저 페더러는 스위스의 승리를 위해 다섯 경기 중 세 경기를 이겨야 했다. 긴장감이 고조되는 상황에서 그는 상대 선수 가엘 몽피스Gaël Monfils와의 시합에서 졌고, 이 때문에 프랑스와 스위스는 동점이 되었다. 경기 후 어느 기자가 그에게 심경을 물었다. 항상 페어플레이를 신조로 삼았던 페더러는 상대 선수의 뛰어난 경기 실력을 칭찬했고 이어서 짧게 한마디를 덧붙였다.

"시합에는 졌지만 알고 싶었던 것을 알아냈습니다."

대중적으로 주목받지는 못했지만 중요한 메시지를 담은 말이었다. 페더러가 알고 싶었던 것은 무엇일까? 자신의 정신력? 테니스 코트의 본질? 공의 속도? 관중의 반응? 최근에 입은 부상 이후의 체력? 답은 아무도 모르지만 한 가지 확실한 점은 페더러가 무언가를 알아내기 위해 패배를 활용했다는 것이다.

이후 페더러는 남은 두 경기에서 승리한다. 하나는 단식이고 또 하나는 복식이었다. 덕분에 스위스는 프랑스를 제치고 데이비스컵에서 우승한다. 페더러의 이러한 태도는 비극적이면서도 모두에게 귀감이 되는 인생을 살았던 넬슨 만델라Nelson Mandela의 명언을 떠올리게 한다.

"절대로 지지 않습니다. 이기거나 배우거나 둘 중 하나죠."

삶은 그저 삶일 뿐

스토아학파의 지혜에 귀 기울이면 "현실이 불공평"하다며 투덜거리는 태도를 버릴 수 있다. 아우렐리우스는 장애물을 맞닥뜨리며 수없이 낙담했지만 그럼에도 부당하다고 생각하지 않았다. 운명은 공정하지도, 부당하지도 않기 때문이다.

우주의 힘은 그냥 그 자체로 존재한다. 우리는 그와 함께할 수밖에 없으며 그 안에서 놀 수도 있어야 한다. 우주의 힘이 추는 춤에 동참하는 것이다. 운명은 그 속에서 만들어지며 인간의 의지를 넘어선다. 공정하냐, 아니냐는 인간의 해석일 뿐이다. 현실에 불평하는 것은 현실로부터 도망치며 주관적 판단 뒤에 숨어 아무것도 얻지 못하는 어리석은 행동일 뿐이다.

그래서 스토아학파는 감정에 무심해지라고 가르친다. 불공평하다고 생각하며 억울해해 봐야 얻는 게 없기 때문이다. 오히려 그 감정에 휩싸이면 행동이나 반응에 부정적인 영향을 받는다. 우리는 현실이 어려워도 자유의지에 따라 불필요한 감정을 덧씌우지 않을 수 있다. 삶은 삶이다. 그뿐이다. 공정하냐, 아니냐를 굳이 따질 필요가 없다.

정신과 전문의나 심리학자도 환자에게 부당한 일을 당해 억울하다는 생각을 버려야 상태가 나아질 수 있다고 분명히 말한다. 삶을 있는 그대로 받아들이고 "인생은 그냥 그런 거야" 하고 말해야 증상이 나아진다는 것이다. 다만 분노와 원망이 아니라 단호함과 용기로 가득한 태도로 말해야 한다. "난 운도 지지리 없지"가 되어서는 안 된다.

기꺼이 흔들리며 단단해지겠다는 태도가 필요하다. 그렇게 현실을 마주하다 보면 내가 할 수 있는 것과 할 수 없는 것이 무엇인지 알아간다. 나의 세상은 이렇게 만들어진다.

받아들임과 체념은 다르다

가수 레이 찰스Ray Charles는 일곱 살에 시력을 잃고 열다섯 살에 어머니를 여의었다. 그전에는 남동생이 물에 빠져 죽는 것도 목격했다. 그럼에도 레이는 말한다.

"선택은 저에게 달려 있었습니다. 길 한구석에 앉아서 하얀색 지팡이와 동냥 그릇을 놓고 구걸하거나, 음악가가 되기 위해 악착같이 노력하거나 둘 중의 하나였죠. 내 의지로 바꿀 수 없는 것을 받아들이느냐 마느냐, 이것이야말로 내 의지로 선택할 수 있는 일입니다."

레이의 이 말은 깊은 울림을 준다. 그는 신세를 한탄하느라 힘을 낭비하지 않았다. 실명은 자신이 어떻게 해볼 수 없는 현실임을 받아들이고, 천재적인 음악가이자 가수가 되기 위해서 노력해 〈왓드 아이 세이What'd I Say〉, 〈히트 더 로드 잭Hit the Road Jack〉, 〈조지아 온 마이 마인드Georgia on My Mind〉와 같은 명곡을 불렀다. 어쩌면 레이가 뛰어난 음악가가 된 건 운명을 그대로 받아들이는 힘이 있었기에 가능했는지도 모른다. 어느 기자와의 인터뷰에서 그는 다음과 같이 말했다.

"저는 눈이 보이지 않습니다. 그런데 사람들은 항상 자신보다 더 불행한 사람을 찾아냅니다. 흑인으로 태어날 수도 있었다고 말이죠(시각장애인인 동시에 흑인인 자신의 상황을 해학적으로 풀어낸 말—옮긴이)!"

그는 시련이 닥쳐도 대담하게 "원래 그렇지" 하면서 체념에서 벗어나고 생기, 유머, 삶의 기쁨을 즐겼다. 그리고 평소에도 "불공평하다"라는 말을 하지 않았다고 한다. 그의 이러한 태도는 니체가 말한 '삶을 긍정적으로 바라보는 넓은 마음'과 통한다. 니체의 관점은 바꿀 수 없는 것에 슬퍼하지 않고 바꿀 수 있는 것에 모든 힘을 쏟는 스토아학파와 같다.

스토아학파에서 말하는 받아들임은 체념과는 다르다. 받아들임은 긍정이고 현실에 공감하는 것이다. 시련이 닥쳤을 때 이것이 정당한지 아닌지 질문하지 않고 이 경험을 통해 어떤 지혜를 얻을지 묻는다. 그리고 그 위에 또 다른 무언가를 세울 수 있다면 그렇게 한다.

내색도, 탄식도 없이

스토아학파의 지혜가 가득한 러디어드 키플링의 시
「만약에」는 다음과 같이 시작한다.

만일 네 평생 이룬 업적이 무너진다면
그리고 한 마디의 말도 하지 않고 다시 세울 수 있다면
또는 네가 가진 것을 모두 한꺼번에 잃어도
그 어떤 내색이나 탄식을 하지 않는다면

그리고 이 시는 "너는 어른이 될 것이다, 나의 아들"
로 끝난다. 어른이 되려면 무엇인가를 잃는 법을 배워야
하고, 무엇인가를 잃고 나서도 다시 시작할 줄 알아야
한다는 것이다. 마찬가지로 바뤼흐 스피노자Baruch Spinoza
는 『윤리학』에서 스토아학파 같은 태도로 다음과 같이
말했다.

"웃지도 말고 울지도 말고 그냥 이해할 것."

인간은 드넓은 우주 한가운데서 아주 작은 존재이기에 만물의 질서를 바꾸지 못한다. 다가오는 실패를 피할 수도 없다. 하지만 우리는 이 시련을 어떻게 견딜지 선택할 수 있다. 불공평한 운명에 눈물만 흘릴 수도, 현실을 직시해 성장할 수도 있다. 레이의 말이 맞다. 우리는 선택할 수 있다.

바위를 옮기려 하지 말고,
바위 위에 올라서라

_장 폴 사르트르

"실존이 본질보다 우선이다."

장 폴 사르트르가 제시한 명제다. 어렵게 들리지만 의미는 단순하다. 우리 인간은 고정불변하는 존재가 아니라 역사와 삶 속에서 변화하며 자신을 새롭게 만들어 갈 자유가 있다는 뜻이다. 사르트르에 따르면 신의 뜻, 유전자, 사회계층이 결정한 모습보다 살아온 과정이 우선이다. 이처럼 본질보다 개인의 역사가 중요하다고 말하는 이들을 생성 철학자라고 한다.

『차라투스트라는 이렇게 말했다』에서 그리스 시인 핀다로스Pindar의 명언 "너 자신이 되어라"를 계승한 니체도 생성 철학자에 속한다. 자기 자신이 되려면, 즉 자신만의 개성을 드러내려면 평생이라는 시간이 필요하다. 모험과 시련도 겪어야 하고 습관이라는 안락함에서 용감하게 벗어나야 한다.

자신이 원하는 것을 모르는 사람들

반면에 생성 철학자와 달리 본질 철학자는 개인이 살아온 역사보다 '변치 않는 진실', 기독교인이 가리키는 '영혼', 라이프니츠Leibniz가 말하는 '실체', 데카르트의 '자아'를 중요하게 여긴다. 생성 철학과 본질 철학은 소크라테스 이전의 고대 철학 초기부터 대립했다. 헤라클레이토스와 파르메니데스가 대립하던 시대로, 생성 철학자였던 헤라클레이토스는 우주의 움직임을 강으로 비유해 표현했다.

"우리는 같은 강에 두 번 들어갈 수 없다."

반면에 본질 철학자인 파르메니데스는 신을 '움직이지 않는 영원한 유일자'라고 정의했다.

서양철학에서는 전통적으로 본질 철학이 지배적이었다. 니체나 사르트르 같은 생성 철학자는 소수파였고 플라톤, 데카르트, 라이프니츠를 비롯한 다수파 철학자는 대부분 본질 철학이었다. 그런데 삶의 태도로 볼 때 본질 철학은 문제가 된다. 실패를 통해 우리의 본질이 드러난다고 보는 관점은 위험하기 때문이다. 한 번의 실패로 우리가 누구인지 정해진다면 그 경험은 괴로운 기억이 될 수밖에 없다.

하지만 생성 철학을 선택하면 우리의 미래에 대해 다양한 질문을 던질 수 있다. 좌절하는 경험을 통해 새로운 방향을 찾고 더 나은 모습으로 거듭나는 것이다. 현실을 마주한다고 해서 반드시 더 현명해지거나 겸손해지거나 강해지는 것은 아니지만, 최소한 다른 것에 눈 돌릴 여유는 생긴다. 덕분에 시간적 여유를 얻거나 생존의 갈림길에서 길을 바꿀 수도 있고, 이것이 행복으로 이어지기도 한다.

이는 찰스 다윈의 사례에서도 알 수 있다. 그가 의학과 신학 공부를 연달아 포기하지 않았다면 긴 항해를 떠날 일은 없었을 것이다. 그러면 학자가 되겠다는 열망도 없었을 것이고 진화의 메커니즘을 이해하지도 못했을 것이다.

다윈은 의사였던 아버지의 뜻에 따라 가업을 잇기 위해 의학 공부를 시작했다. 그러나 냉혹한 수술 방식에 거부감을 느꼈고 이론 수업을 지루해했다. 다윈은 창밖의 새들을 관찰하며 시간을 보내다가 결국 의과대학을 자퇴한다. 이후에 그는 영국 성공회의 목사가 되기 위해 케임브리지대학의 지저스 칼리지에 입학했다. 그러나 신학 수업에도 흥미를 느끼지 못했고, 설교를 듣기보다 말을 타거나 딱정벌레를 모으는 일에 재미를 느꼈다. 그렇게 결국 신학 공부도 중단했다.

다윈은 인체에 대해서도, 신의 진리에 대해서도 제대로 배우지 못했다. 본질 철학의 관점에서는 실패자일 뿐이다. 하지만 그 덕분에 이전에는 생각지 못한 여유가 생겨 모험을 결심하고 완전히 다른 미래를 완성해낸다. 2년간의 긴 항해 길에 오르기로 한 것이다. 비글호의 항해는 사이렌이 울리는 템스강 울리치 항구에서 시작되었다. 다윈은 배가 지나가는 곳마다 생물 종을 관찰하고 새로운 발견을 하면서 자신이 해야 할 일을 깨달았다. 생존의 갈림길이 만든 새로운 미래였다. 다윈의 삶과 그의 저서 『비글호 항해』는 진로 고민으로 방황하는 사람들에게, 자신이 원하는 게 무엇인지 모르는 이들에게 꼭 필요한 이야기다.

지나친 의지는 장애물이다

갱스부르의 이야기도 흥미롭다. 그는 쉰 살이 되기 전까지 그림으로 먹고살 위치에 오르기 힘들다는 사실을 깨닫고 화가가 되겠다는 야망을 포기했다. 그림을 모두 찢어버릴 정도로 심각한 좌절감을 느꼈고, 고통 속에서 괴로워하다 노래로 눈을 돌렸다. 그러면서 마음의 부담도 내려놓았다. 그림과 달리 노래는 '하찮은 예술'로 생각해 특별히 기대하지 않았던 것이다.

추상화 시대에 구상화를 그리던 젊은 화가 갱스부르

는 천재가 아니면 아무 소용이 없다는 생각에 큰 부담을 느꼈다. 하지만 작곡가와 가수로는 부담을 느끼지 않아 당대에 원하던 음악을 편하게 만들었고 세월의 흐름과 함께 음악 스타일을 바꾸며 유명 가수들을 위해 곡을 작곡했다. 마음을 편하게 먹은 덕분에 오히려 뛰어난 재능을 발휘한 것이다.

그렇다고 해서 패배감을 완전히 떨쳐버린 것은 아니었다. 갱스부르는 자신의 한계를 경험하면서 초연해졌지만 동시에 쓸쓸함도 맛보았다. 이러한 감정선 덕분에 독특한 분위기가 만들어졌다. 만일 그가 원하던 대로 화가가 되었다면 당대 최고의 스타였던 제인 버킨Jane Birkin, 프랑스 갈France Gall, 브리지트 바르도Brigitte Bardot 등을 위한 노래는 절대 작곡하지 못했을 것이다. 1965년 그가 프랑스 갈을 위해 작곡한 경쾌한 노래 〈꿈꾸는 샹송 인형Poupée de cire poupée de son〉은 유럽 최고의 노래 경연 대회인 유로비전 송 콘테스트에서 우승한다.

독일의 철학자 오이겐 헤리겔Eugen Herrigel은 고전으로 꼽히는 저서 『활쏘기의 젠불교Le Zen dans l'art chevaleresque du tir à l'arc』에서 "활 쏘는 사람은 모든 것을 내려놓아야

과녁을 맞힐 수 있다"라고 말한다. 아주 조금만 경직되어도 과녁이 빗나갈 수 있다는 뜻이디. 헤리셀은 활 쏘는 사람 스스로가 놀랄 정도의 편안한 상태여야 한다고 강조하며 다음과 같이 말한다.

"지나치게 목표 지향적인 의지는 오히려 장애물이다."

갱스부르는 헤리겔이 말하는 활 쏘는 사람을 닮았다. 제2의 반 고흐가 되겠다는 강박관념에서 벗어난 갱스부르는 초연하게 음악을 대할 수 있었다. 화가로 성공하지는 못했지만 패배자의 운명에 갇히지 않았고, 막다른 골목처럼 느껴지는 실패를 교차로 삼아 통과했다. 사르트르는 『존재와 무』에서 다음과 같이 말한다.

"바위를 다른 곳으로 옮기려 하면 바위 주변에 강한 저항이 생긴다. 그러나 경치를 감상하기 위해 바위에 오르면 바위의 도움을 받는다."

삶을 계획이라고 본다면

우리는 시간 속에 존재하고 새로운 목표를 가지고

행동할 수 있다. 그래서 장애물이던 바위도 새로운 계획에 도움을 주는 존재로 변화시킬 수 있다. 사르트르가 전하는 메시지다. 인간 정신이 가진 상상의 힘을 믿는 사르트르의 실존주의에서 중심 개념은 '계획'이다. 존재한다는 것은 영원히 고정된 진리가 아니다. 미래를 향해 계속 변하는 것이다. 그래서 장벽에 부딪혀도 계획을 바꿔가면서 이정표를 세울 수 있다.

2009년 샌프란시스코에서 실패를 다루는 대규모 강연이 처음으로 열렸다. 이후 이 강연은 실리콘밸리의 필수 행사가 되었는데, 바로 '페일콘failcon(실패를 뜻하는 'fail'과 강연을 뜻하는 'con'을 합친 이름)'이다. 온라인에서도 영상을 찾아볼 수 있는 이 행사에는 기업가나 스포츠 선수들이 강연자로 나와 자신이 겪은 좌절에 관한 이야기를 들려준다. 강연자들은 그 경험을 통해 자신이 어떻게 새로운 시선을 얻었는지, 시련을 어떻게 자양분으로 삼았는지, 이후 어떻게 성공적인 아이디어를 찾고 처음에 생각지도 못한 길에 들어섰는지 이야기한다. 강연을 몇 번만 들어도 세상이 얼마나 빠르게 바뀌는지, 현실의 벽에 마주했을 때 이를 극복하는 방법이 얼마나 많은지 알 수 있다.

페일콘을 부정적으로 보는 시선도 있다. 비슷한 강연 방식과 지나치게 긍정적인 태도 때문이다. 실패를 과거형으로 말하며 억지로 해피엔딩을 만든다는 비판도 있지만 인생의 전환점을 찾는 이들에게는 꼭 필요한 자리다. 강연자들은 현재 자신의 성공이 아니라 과거를 극복한 경험으로 자신을 평가하며, 하나같이 첫 시도보다 변화에 적응하는 능력이 중요하다고 강조한다. 사르트르가 『실존주의는 휴머니즘이다』에서 이야기한 "한 인간은 자기 행동의 결과물일 뿐이다"와 일맥상통하는 이야기다.

성공의 방향은 하나가 아니다

사르트르는 지크문트 프로이트Sigmund Freud와 반대되는 독특한 관점을 제안했다. 그에 따르면 누군가를 정신분석할 때 과거에 대한 무의식의 총체를 알아내는 일은 그리 중요하지 않다. 그보다는 그 사람이 실현 가능성 있는 계획을 다양하게 세우도록 돕고 현재의 삶에 생기를 불어넣을 방법을 찾는 게 더 낫다.

페일콘 강연이 보여주듯 좌절을 경험한 많은 사람이 계획을 바꿔 전혀 다른 미래를 만든다. 크리테오를 창업한 장바티스트 뤼델Jean-Baptiste Rudelle의 이야기도 흥미롭다. 파리의 어느 샐러드바 창고에서 사업을 시작한 그는 처음에 영화와 블로그 글을 추천하는 시스템을 만들어 스타트업을 세운다. 하지만 사업에 실패했고 특정 소비층을 겨냥한 인터넷 광고를 판매하는 사업으로 계획을 전면 수정한다. 그리고 몇 년 뒤 월스트리트의 나스닥에 상장해 시가 총액이 20억 달러에 이르는 기업으로 성장시킨다. 문제를 인정하고 빠르게 방향을 전환해 미래를 개척한 결과였다.

삶을 본질이나 영원한 가치가 아니라 '계획'으로 보자. 그러면 죽음마저도 하나의 사건에 지나지 않는다. 실존주의자들은 성공을 하나의 방향으로만 생각하면 오히려 거기에 갇혀서 자신이 누구인지 평생 모른 채 살아갈 수 있다고 경고한다. 실존적 삶은 오히려 실패를 많이 할수록 더 풍부해진다.

이러한 관점은 언뜻 모순적으로 느껴지는데, 프랑스 의사이자 작가인 장크리스토프 뤼팽Jean-Christophe Rufin의 여정은 실존주의의 지혜를 잘 보여준다. 뤼팽은 국경없는 의사회를 세우고 기아 대책 행동을 이끌었다. 세네갈과 감비아에서 프랑스 대사를 지냈고 작가로도 활동하며 많은 독자를 만났다. 2001년에는 『붉은 브라질』로 공쿠르상을 수상했고 2008년에는 아카데미 프랑세즈 최연소 회원이 되었다. 2014년는 산티아고 여행기 『불멸의 산책』을 출판해 엄청난 성공을 거두었다.

일련의 행보를 보면 뤼팽은 손대는 것마다 성공하는 사람처럼 보인다. 그런데 놀랍게도 그는 페일콘의 본보기다. 뤼팽은 현대 의료 시스템에서는 자신이 그리던 이상적인 의사로 살 수 없음을 깨닫고 인도주의로 방향을 틀었다. 그리고 인도주의 활동이 막다른 길에 몰렸을 때 정치로 방향을 돌렸다. 인맥과 가식적인 말로 움직이는 정치의 세계에서 더 이상 성장하기 힘들어졌을 때는 글을 쓰는 작가가 되기로 했다. 이후 앵테랄리에상, 공쿠르상을 수상하며 작가로서 인정받지만 심적 부담을 강하게 느껴 괴로워했고, 마음의 짐을 덜어내고자 산티아고 순례길에 오른다. 사르트르가 말한 것처럼 본질 안에 갇히지 않고 '존재의 오만함'에 빠지지 않기 위해 발버둥을 친 것이다.

불협화음이 만드는 아름다움

재즈 역사상 손꼽히는 명반인 〈버스 오브 더 쿨Birth of the Cool〉과 〈카인드 오브 블루Kind of Blue〉를 작곡한 트럼펫 연주가 마일스 데이비스Miles Davis는 동료 음악가들이 실수를 두려워할 때마다 화를 내곤 했다. 그는 어떤 실수도 하지 않으려는 마음이야말로 최악의 실수라고 지적한다. 그리고 다음과 같이 멋진 말을 남겼다.

"하나의 음을 연주할 때 그 음이 맞는지 틀리는지 알려면 그다음 음을 연주해야 한다."

절대적으로 틀린 음은 존재하지 않는다는 생각에서 실존주의를 함축한 지혜처럼 보인다. 재즈 음악가는 자신만의 리듬과 멜로디 안에서 아름다운 불협화음을 만들어 세상에서 하나뿐인 이야기를 들려준다(사르트르도 재즈를 즐겼다. 그는 『구토』에서 주인공 로캉탱이 구역질 나는 상태에서 벗어나려고 애쓰는 순간을 음악적 감정이 표현되는 순간으로 묘사하기도 했다).

우리의 실존은 마치 재즈와 같다. 절대적으로 틀린 음이 있다고 믿는 것은 시간이 존재하지 않는다고 믿는 것과 같다. 우리는 영원한 이념의 세계인 하늘을 나는 것이 아니라 계속 변화하는 강 위를 항해하고 있음을 잊어서는 안 된다. 틀린 음을 낼까 봐 두려워하지 않을 때, 변화에 자연스럽게 적응할 때 자신만의 음악을 만들 수 있다.

난관은 기개 있는 사람을 끌어당긴다

_샤를 드골

1950년 모니크 세르프Monique Serf는 '피아니스트이자 가수'라는 꿈을 좇아 파리를 떠나 브뤼셀로 향했다. 돈도 없고 인맥도 없던 세르프에게 카바레에 설 기회를 찾기란 쉽지 않았다. 겨우 기회를 잡은 카바레에서 세르프는 에디트 피아프Edith Piaf와 쥘리에트 그레코Juliette Gréco의 노래를 불렀지만, 경직된 매너가 시대에 맞지 않았는지 관중의 야유가 너무 심해 공연을 중단했다.

그녀는 1951년 말 오디션을 보기 위해 파리로 돌아

왔다. 오디션을 본 곳은 당대 최고의 가수 보리스 비앙 Boris Vian, 마르셀 물루지 Marcel Mouloudji가 활동하던 카바레였다. 마침내 세르프는 이곳에서 일자리를 얻었다. 그런데 가수가 아니라 주방에서 1년간 설거지하는 일이었다. 세르프는 이 일자리를 받아들였다. 그녀가 전설적인 샹송 가수 '바르바라'로 불리기 전, 무명일 때의 일이다.

삶의 아이러니를 배우는 시간

부서질 듯 가냘픈 목소리로 프랑스 국민의 마음을 울리며 성공할 때까지 바르바라는 세상의 야유에도 꿈을 포기하지 않았다. 오히려 시련을 통해 자신의 능력을 객관적으로 평가하고 자신의 성향을 확인했다. 진짜 무엇을 열망하는지 생각하고 스스로 욕망을 시험하는 기회로 삼은 것이다. 현실의 팍팍함을 경험하다 보면 지금까지 막연히 꿈만 좇았다는 사실을 깨닫기도 하고, 반대로 바르바라처럼 자신이 얼마나 간절하며 그 꿈이 인생에서 얼마나 중요한 의미인지 다시 깨닫기도 한다.

바르바라는 설거지하는 일을 하고 10여 년이 지나서야 가수로 성공한다. 그녀가 직접 작곡해 부른 〈나의 가장 아름다운 사랑 이야기〉, 〈검은 독수리〉, 〈언제 돌아올지 말해줘〉, 심금을 울리는 〈낭트〉 등은 프랑스 대중음악사에서 명곡으로 꼽힌다. 가사에 집중하며 노래를 듣다 보면 역경을 극복하면서 더욱 단단해진 바르바라의 힘이 그대로 느껴진다.

"당신이 다시 돌아올 마음이 없다면, 우리 두 사람을 가장 아름다운 기억으로 남길 거예요. 그리고 다시 내 길을 떠날 거예요. 세상은 감동적이죠. 또 다른 태양 아래에서 몸을 따뜻하게 쬘 거예요."

바르바라는 〈낭트〉라는 노래에서 아버지가 죽어가고 있는 낭트에 도착한 이야기를 들려준다. 어릴 때 그녀를 성적으로 학대해 연락을 끊었던 아버지다.

"부랑자 같은 그 인간, 행방불명됐던 그 인간, 그런 그가 내게 돌아왔네."

원망과 애정이 뒤섞여 괴롭고 복잡한 심경이었음에도 아버지의 죽음이 다가오자 안타까웠던 그녀는 아버지를 만나러 간다. 하지만 너무 늦게 도착했다.

"이 낯선 친구들에게 아무 질문도 하지 않았고 아무 말도 하지 않았지. 하지만 그 친구들의 눈빛을 보면서 너무 늦었다는 것을 알았어."

바르바라는 이 아름답고 기품이 넘치는 노래를 아버지의 장례식 바로 다음 날부터 작곡하기 시작했다. 〈검은 독수리〉에서도 그녀는 아버지를 "자신의 어린 시절을 훔쳐 간 사람"으로 표현하는데, 그럼에도 자신의 미소를 보며 아버지가 다시 온기를 찾길 바랐다. 하지만 "작별 인사도 없이, 사랑한다는 말도 없이" 아버지는 세상을 떠나고 만다. 〈낭트〉는 이후 바르바라의 히트곡 중 하나가 된다. 바르바라가 조용히 흐르는 강물처럼 평온한 시절을 보냈다면 만들어낼 수 없었을 노래다.

세상의 무관심을 견디는 법

지금은 '위대한 샤를'로 불리는 드골 장군의 인생 여정은 바르바라보다 더 많은 실패로 점철되었다. 그는 제1차 세계대전 초기에서 제2차 세계대전 말까지 패배감으로 젖은 세월을 보냈다. 회고록『드골, 희망의 기억』에서 제1차 세계대전이 "영혼을 짓눌렀다"라고 표현했는데, 그가 이토록 패배감을 느낀 이유는 오랜 포로 생활 때문이었다. 그는 다섯 번이나 탈출을 시도했지만 모두 실패했다. 그래서 1916년 3월부터 종전까지 조국이 위험에 빠져도 전투에 나갈 수 없었다. 드골은 1918년 11월 어머니에게 보낸 편지에 다음과 같이 썼다.

"앞으로 남은 인생이 짧을지 길지는 모르겠으나 전투에 나가지 못한 후회는 평생 따라다닐 것 같습니다."

드골은 전쟁이 끝난 뒤 폴란드에서 라인군에 지원했고 근동에서도 군에 지원했다. 뭐든 해야 한다는 의무감 때문이었다. 그는 자신의 기대에 미치지 못하는 인생을 살았다고 느꼈다.

1934년에는『직업 군대를 향해 Vers l'armée de metier』라는 책을 출판했다. 무명의 중령에 불과했지만 그는 책을 출판하면 인정받으리라 내심 기대했다. 작가와 전략가가 되어 나라에 봉사하고 싶었던 것이다. 하지만 아쉽게도 책은 큰 반향을 일으키지 못했다.

1940년 6월 비시 정부가 항복하고 휴전 협정을 맺

으려 할 때 드골은 프랑스의 패배를 인정하지 않고 런던 BBC를 통해 저항을 촉구했으나 이번에도 별로 주목받지 못했다(그러나 역사적으로 볼 때 드골의 호소는 훗날 레지스탕스의 신호탄 역할을 했다). 그해 7월에는 자신을 레지스탕스 사령관이라 부른 드골이 처음으로 영국 잡지에 소개되었다. 하지만 당시에 '자유로운 프랑스인'이라 불린 그의 동지들은 300명도 채 되지 않았다. 패배 후 나치에 점령당해 혼란스러웠던 프랑스에서 드골을 아는 사람은 한 명도 없었다.

더구나 드골은 비시 정권의 군사 재판소에서 사형선고를 받은 상황이었다. 이렇다 보니 그의 호소는 미래가 없어 보였고, 심지어 진의를 의심받았다. 그는 자신의 말을 듣고 저항군이 대규모로 집결하길 기대했으나 그 어떤 군 지도자나 영향력 있는 정치인도 오지 않았다. 그저 총 한번 만져보고 싶은 건달, 예비역 장교, 어부만이 모였을 뿐이다.

1942년 11월 연합군은 북아프리카에 상륙하면서 샤를 드골이 아니라 앙리 지로Henri Giraud에게 정권을 넘겨주었다. 그리고 1944년 6월 연합군은 노르망디에 상류하면서 드골 장군을 따돌리려고 애썼다. 그런데 8월 26일, 파리 시민 200만 명이 샹젤리제 거리에서 드골 장군을 영웅이라 부르며 환대하자 연합군은 드골 장군이 같은 해 6월에 수립한 프랑스 공화국 임시 정부를 인정했다. 드골은 『드골, 희망의 기억』에서 다음과 같이 말했다.

"시련 앞에 기개 있는 사람이 나타난다. 난관을 통해 사람은 자신을 완성해 가기 때문이다."

드골은 오랜 시간 시련을 겪으며 자신의 성향을 재확인했다. 그리고 또 다른 시련을 감당할 마음의 준비를 했다. 드골은 실패해 봤기에 프랑스에 봉사하고 싶다는 자신의 열망을 확인했고 어려움과 싸우는 힘을 길렀다. 이러한 힘이 훗날 드골에게 성공의 열쇠가 되었다.

만약 드골 장군이 1914년부터 20년이 넘는 시간 동안 수많은 실패를 견디지 않았다면 어땠을까. 런던에서 라디오를 통해 자신의 목소리를 냈을 때 마주한 무관심을 제대로 견뎌낼 수 있었을까.

창의성은 어디에서 올까

드골만큼이나 숱한 역경을 겪은 미국 대통령이 있다. 이 사람의 험난한 인생은 서른한 살에 파산하면서 시작되었다. 서른둘에 국회의원 선거에 출마했지만 낙선했고 서른넷에 또 한 번 파산했다. 그리고 서른다섯에 사랑하는 여인을 병으로 잃었다. 서른여섯에는 우울증을 앓았고 서른여덟에는 지방 선거에서 패했다. 마흔셋에는 연방 상원의원 선거에서 떨어졌다. 마흔여섯, 마흔여덟 살에도 출마했지만 결과는 같았다. 쉰셋, 쉰여덟 살에는 상원의원 선거에서 패했다. 그렇게 달려온 끝에 예순 살이 되던 해, 마침내 미국 대통령에 당선되었다. 에이브러햄 링컨 대통령의 이야기다.

이후 링컨은 잘 알려져 있다시피 노예 제도 폐지라는 놀라운 업적을 남겼다. 그 과정에서 또 한 번 수많은 저항을 견뎌야 했고, 엄청난 에너지를 발산했다. 이 모든 일이 어떻게 가능했을까. 우리는 앙리 베르그송Henri Bergson의 생명철학에서 힌트를 얻을 수 있다. 베르그송에 따르면 삶은 에너지와 같다. 동식물과 인간을 포함한 모든 생명체 속에 흐르는 정신적 에너지인 것이다. 이 에너지는 생명이 성장함에 따라 복잡해진다. 그리고 생명은 반드시 난관에 부딪히는데, 이를 극복하고 성장을 지속하려면 자기 안에서 모든 생명체의 본성인 창의성을 찾아내야만 한다. 이 본성 덕분에 담쟁이는 돌멩이가 길을 막아도 그 위를 기어오르며 계속 뻗어나간다.

베르그송의 관점에서 볼 때 생명의 강력한 힘은 동식물을 관통해 특별한 성공을 이룬 사람들의 창의력에 남다르게 응축된 듯하다. 앞서 살펴본 바르바라, 샤를 드골, 에이브러햄 링컨도 마찬가지다. 베르그송의 생명 철학이 내놓는 해석은 매력적이다. 성장하고 도약하는 것이 생명이라면, 방해받을수록 생명의 힘을 더 많이 발휘할 수 있기 때문이다.

악이 없으면 선도 없다

하지만 이것만으로는 세 사람의 특별함을 충분히 이해할 수 없다. 사람들은 흔히 바르바라, 드골, 링컨이 실패를 계기로 자신의 생명력이 얼마나 강한지 깨달았다고 생각한다. 그러나 생명의 역동성이 실패보다 강했던 것이 아니라 오히려 실패를 자양분으로 강해졌다고 봐야 한다.

방해받을수록 강해진다는 사실은 헤겔의 변증법을 통해 더 잘 이해할 수 있다. 헤겔은 모든 저서에서 힘이 작동하려면 그와 대립하는 것이 필요하다고 주장한다(헤겔은 대립하는 것을 '부정'이라고 부른다). 다시 말해 어떤 정신에 관해 알려면 그와 반대되는 정신이 필요하다는 뜻이다. 변증법에 따르면 반대되는 것들은 서로 떨어질 수 없으며 최종적으로 합을 이룬다.

나의 신념은 반대되는 신념과 충돌할 때 비로소 확실히 의식된다. 나의 신념을 지킬 모든 논증을 찾아내려면 그 신념을 부정하는 다른 신념이 등장해야 한다. 이는 철학적 글쓰기에도 모범적으로 적용되는 원칙이다. 어떤 명제가 강력한 힘을 드러내려면 반대되는 명제가 있어야 한다.

그다음 단계는 단순한 종합 명제가 아니라 '합合'이다. 대립하는 명제의 논증을 흡수하며 승리하는 것이다. 예를 들어 선은 악과 대립해야 선답게 존재하고 아름다움을 드러낸다. 헤겔은 이러한 변증법적인 관점에서 천지창조를 해석하기에 이른다. 신은 순수한 '영靈'인데, 신이 스스로 영적인 존재임을 의식하려면 그와는 완전히 다른 존재인 '물질'이 필요하다. 따라서 신은 세상, 자연과 같은 다른 존재를 창조해 부딪치면서 마침내 자신을 영으로 이해한다. 헤겔이 생각하는 신은 자신이 누구인지 궁금해하고 근심하는 존재다. 신도 부정성을 실험하는 것이다.

기개를 갈고닦고 싶다면

헤겔의 변증법을 통해 우리는 바르바라와 드골 같은 인물들이 생명력을 제대로 발휘하는 데 '부정적인 것'이 꼭 필요했음을 알 수 있다. 생명의 힘과 시련은 서로 떨어질 수 없고 '변증법적으로' 이 두 존재의 대립은 삶이라는 같은 움직임 속에 존재한다. 실패는 성공과 대립한다. 그러나 성공하려면 대립이 필요하다. 만일 헤겔이 옳다면, 그리고 변증법이 모든 진실을 보여준다면 이 역동적인 대립은 성장의 원동력이 될 수 있다. 전설적인 농구 선수 마이클 조던Michael Jordan도 헤겔의 논조로 이야기한다.

"지금까지 농구 경기에서 골을 넣는 데 9000번이나 실패했습니다. 거의 300번의 경기에서 졌고요. 팀에서 나에게 결승 골을 맡겼을 때 스물여섯 번이나 실패했습니다. 살면서 실패하고 또 실패했습니다. 그 덕에 성공했죠."

조던은 미국 NBA 역사상 가장 많은 타이틀을 보유한 선수다. 하지만 그는 성공만큼이나 실패도 많이 경험했음을 스스로 알고 있었다. 무수한 슛을 실패하며 기개를 다진 덕분에 지금의 마이클 조던이 되었다. 헤겔의 다음과 같은 통찰도 이러한 맥락에서 이해할 수 있다.

"부정성의 힘이 없다면 기개를 확인하지도 못한다."

실패를 경험하지 않으면 기개를 갈고닦을 수 없다. 성공은 언제나 실패와 번갈아 가면서 일어나지, 절대로 성공만 연달아 일어나지 않는다.

겸손은
가장 확실한 지혜의 증거다

_찰스 캘럽 콜턴

'겸손'을 뜻하는 프랑스어 'humilité'는 '땅'을 뜻하는 라틴어 'humilitas'에서 유래했다. 현실에 부딪혀 넘어진다는 건 '땅으로 다시 내려오는 것'을 의미한다. 땅에 발을 딛고 자기 자신을 있는 그대로 보면서 현실감각을 다시 배우는 것이다. 이를 통해 스스로를 신이나 우월한 존재로 생각하는 유아적인 환상에서 벗어나 한계가 있는 사람이라는 사실을 인정할 수 있다. 이러한 과정은 성공적인 인생을 살아가는 데 꼭 필요하다.

운동선수 코치들은 챔피언에게 교만이 가장 해롭다는 것을 안다. 자신을 누구도 건드릴 수 없는 존재, 누구에게도 지지 않는 존재라고 착각하는 것이 교만이다. 난도가 높은 스포츠일수록 더욱 분명하다. 자신을 냉정하게 돌아보려면 좌절을 제대로 맛봐야 한다. 그래야 겸손을 배우고 자신을 날카로운 관점에서 평가해 재능을 마음껏 펼칠 수 있다. 그리고 상대 선수를 얕잡아 보지 않고 관찰하면서 어떻게 승리할지 끊임없이 궁리할 수 있다. 이기고 싶다면 반드시 갖춰야 할 태도다. 자아도취에 빠지면 이러한 자각을 할 수 없다. 영국의 성직자이자 작가 찰스 캘럽 콜턴Charles Caleb Colton의 말처럼 "겸손은 가장 확실한 지혜의 증거다."

자유로워지는 놀라운 방법

예술가는 모두 이 과정을 경험한다. 꿈에 그리던 일생일대의 작품을 만들어내지 못할 때 자신은 조물주가 아니며 모두 다 이룰 수는 없음을 깨닫는다. 그렇게 고통스러운 패배감을 경험하고 겸손을 배우면서 새로운 창작을 시도한다. 이 과정을 거치면 처음에는 평범해 보여도 시간이 지날수록 실력이 쌓여 뛰어난 작품을 완성하기에 이른다. 혁신에는 실패해도 자신이 잘하는 일에 집중하며 영감을 되찾기도 한다. 좌절한 덕분에 더 확실한 길로 들어서는 것이다. 하늘로 오르는 법을 새롭게 배우려면 다시 한번 땅으로 내려올 필요가 있다.

스티브 잡스는 애플에서 해고되기 전까지 오만하기 그지없었다. 부모님의 차고에서 설립한 회사로 화려하게 성공해 오랫동안 자신감에 취해 있었기 때문이다. 애플은 1976년 설립되었는데 1980년부터 매출이 100만 달러에 이르렀다. 잡스는 애플의 주식을 나스닥에 상장하면서 스물다섯 살에 2억 4000만 달러를 벌어들였다.

그런데 성공이 독이 되었는지, 잡스는 현실감각과 회사 경영 능력을 잃어갔다. 더 이상 그 누구의 말도 듣지 않았고 자신감이 지나치게 넘쳤다. 야심만만하게 출시한 매킨토시가 시장에서 처참하게 실패했을 때도 소비자의 취향을 저격하지 못했다는 사실을 인정하지 않았다. 잡스는 동료의 반대 의견을 묵살했고 직원에게 모욕적인 말도 서슴지 않았다. 결국 그는 회사의 의사결정 과정에서 배제되었고 주주들이 새로운 대표를 임명하면서 1985년 사임했다.

자신이 세운 회사에서 쫓겨난 잡스는 크게 낙담했다. 겸손을 배울 수밖에 없는 시간이었다. 그 과정에서 잡스는 현실감각을 되찾았고 한계에 부딪히면 더 창의적으로 성장한다는 사실을 새롭게 깨달았다. 2005년 스탠퍼드 대학에서 잡스는 다음과 같이 감동적인 연설을 한다.

"당시에는 잘 몰랐지만 지금 생각해 보니 애플에서 해고된 것은 저에게 일어난 가장 멋진 일이었습니다. 그때의 경험으로 저는 자유로워졌고, 살면서 가장 창의적인 시기를 맞이했습니다. 괴롭도록 쓰디쓴 약이었지만 환자에게 꼭 필요한 약이었다고 생각합니다."

나는 언제든 틀릴 수 있다

우리는 흔히 '창작자'라고 하면 전지전능한 존재, 한계를 모르는 냉혈한을 떠올린다. 하지만 이는 창의성에 대한 오해에서 비롯된 것이다. 창의성은 오만보다 겸손에, 전지전능하다는 생각보다 한계를 인정하는 마음에 가깝다. 훌륭한 창작자들은 현실을 잘 알고 변수에 잘 대처하며 현실에 맞게 계획을 수정한다. 모든 일이 가능하진 않다는 사실을 알기 때문이다.

회사에서 쫓겨난 뒤 정신이 번쩍 든 스티브 잡스는 자신이 할 수 있는 일에 집중했다. 소프트웨어와 고성능 컴퓨터를 제작하는 작은 회사 넥스트를 세운 것이다. 애플의 성공에 비하면 이 모험의 결과는 신통치 않았다. 하지만 어릴 때 양아버지와 전자 부품을 고치면서 자란 그는 자신만의 재능을 개발할 새로운 기회를 얻는다. 바로 대중을 사로잡을 만큼 혁신적인 소프트웨어를 고안하는 것이다. 또한 잡스는 열린 마음으로 창의성을 발휘해 〈스타워즈〉의 조지 루커스Georges Lucas 감독에게서 픽사 스튜디오를 인수하고 훗날 디즈니와 함께 〈토이 스토리〉, 〈니모를 찾아서〉 등의 애니메이션을 제작한다.

이 시기에 애플은 고군분투하고 있었다. 마이크로소프트의 소프트웨어를 사용하는 PC가 성공했기 때문이다. 혁신적인 소프트웨어가 부족해 벼랑 끝에 선 애플은 넥스트를 인수했고, 잡스를 12년 만에 다시 대표로 임명한다.

겸손을 되찾은 잡스는 실력 발휘에만 집중했고 애플을 고성능 소프트웨어를 개발하는 회사로 발전시켰다. 그리고 경영 초기에 성공시킨 전략을 업그레이드했다. 깔끔한 디자인, 쉬운 사용법, 첨단 기술 개발을 극대화한 것이다.

다시 상승세에 올랐지만 잡스는 자아도취적인 망상에 빠져 눈멀었던 과거를 기억했다. 그리고 기업이란 창업자의 장난감이 아니라 동료들과 함께하는 모험이라는 사실을 새롭게 깨달았다. 그렇게 다시 하나로 뭉친 팀은 아이맥을 출시해 큰 성공을 거두며 단번에 PC를 제친다. 이때 만들어진 대대적인 광고의 카피는 지금까지도 널리 회자된다.

"다르게 생각하라Think different."

잡스는 아이북, 아이팟, 아이폰, 아이패드 등을 출시해 연달아 성공한다. 하지만 그는 더 이상 자신만 옳다고 생각하는 실수를 저지르지 않았다. 자신의 판단은 언제든 틀릴 수 있음을 깨달았기 때문이다.

한계는 다가갈수록 뒤로 밀려난다

학자들은 겸손한 경우가 많다. 이는 우연이 아니다. 평생 실패하며 잘못된 직관을 바로잡기 때문이다. 그러면서 자신이 전지전능하다는 환상을 치유한다. 앞서 바슐라르가 자세히 설명한 내용이다. 학자들은 현실이라는 벽을 겸손하게 받아들이며 지식으로 발전시킨다. 용기와 겸손을 동시에 보여주는 태도다.

바슐라르는 용기와 겸손이 현대인의 삶에서 중심축이 되어야 한다고 말한다. 우리는 아르키메데스도 아니고 뉴턴도 아니지만, 이들에게서 영감을 얻을 수 있다. 아인슈타인은 다음과 같이 말했다.

"수학이 어렵다고 낙담하지 마세요. 저는 이보다 더 큰 어려움을 겪었거든요."

그는 이처럼 유머러스한 말로 겸손이 지식으로 향하는 원동력임을 알려준다. 지식의 한계를 마주하고 철저히 파헤칠 때 그 한계는 뒤로 밀려난다. 성공 가능성이 높아지는 것이다.

유도가 좋은 예다. 유도에서는 선수가 순식간에 상

대 선수를 들어 바닥에 메다꽂는다. 그래서 유도를 배울 때는 제대로 넘어지는 기술인 낙법부터 익힌다. 부드럽고 유연하게 구르면서 당당하게 넘어지는 이 기술은 겸손을 완벽하게 은유한다. 한 선수가 상대 선수를 잡아서 다다미라고 불리는 '바닥'에 메다꽂으면 당하는 선수는 이를 받아들인다.

실력이 좋은 선수는 바닥에 넘어질 때마다 상대를 분석한다. 메치기를 당할수록 상대의 기술이 얼마나 효과적인지 배우는 것이다. 그러면서 다음에는 당하지 않겠다고 결심한다. 넘어졌다 일어난 선수는 새로운 사실을 알았기에 더욱 강해진다. 결국 몇 번 넘어졌느냐는 별로 중요하지 않다. 넘어졌다가 일어났을 때 더 지혜로워졌다면 그것으로 충분하다.

시련이 기쁨이 되는 순간

예수가 걸었던 십자가의 길도 겸손을 잘 보여준다. 예수는 고난을 겪으며 신에게 가까이 다가갔고, 십자가의 길은 기독교의 토대가 되었다. 그가 모욕을 참고 구원까지 도달한 것은 겸손 덕분이었다. 땅보다 더 낮은 곳으로 넘어져 봤기에 하늘로 올라갈 수 있었다. 물론 예수도 고통이 심했을 때는 신을 의심하기까지 했다.

"어찌하여 저를 버리셨습니까?"

그러나 이는 믿음을 얻는 과정이기도 했다. 의심해야 믿음이 생기기 때문이다. 신성함을 버리고 인간이 되어 세상의 모든 일을 직접 겪으며 겸손해졌고, 그 안에서 믿음이라는 온전한 진실을 발견했다.

사도 바울도 겸손의 모범이다. 그는 복음을 전하기 위해 세계를 누비면서 매를 맞고 모욕당하고 감옥에 갇히기도 했다. 이러한 고난 속에서도 바울은 다음과 같이 말했다.

"여행하면서 기쁨이 넘쳐난다."

그 역시 본질에 다가가기 위해 바닥으로 내려갔고 정말로 중요한 것이 무엇인지 알기 위해 부유함을 버렸다. 기독교를 믿지 않아도 이들이 보여준 겸손한 태도는 배울 수 있다. 세상의 진리에 비해 자신이 가진 지식은 지극히 적기에, 겸허히 배우겠다는 자세로 가장 낮은 곳에 자신을 두는 태도다. 아인슈타인은 이와 비슷한 맥락에서 다음과 같이 말했다.

"우리가 무엇인가를 이해할 수 있다는 것이야말로 가장 커다란 미스터리다."

위험이 있는 곳에
구원도 자란다

_프리드리히 휠덜린

흔히 한번 실패하면 닫힌 문처럼 더 이상 기회가 없다고 생각한다. 하지만 사실 열린 창문과 같다면 어떨까? 그 힌트는 프랑스어로 '위기crise'라는 단어가 '분리하다krinein'라는 뜻의 그리스어 동사에서 유래했다는 데서 찾을 수 있다. 위기가 오면 두 개의 요소가 분리되면서 공간이 생기고 그 안에서 새로운 무엇인가를 읽어낼 수 있다.

'결점faille'이라는 단어는 '무엇인가를 볼 수 있을 정도로 열린 상태'를 뜻한다. 고대 그리스인은 새로운 현실이 드러나는 순간을 '카이로스Kaïros'라고 표현했다. 이는 '유리한 기회' 또는 '적절한 순간'으로도 해석된다. 위기를 카이로스로 보면 숨은 사실을 알게 되는 기회, 숨은 의미를 읽을 기회로 이해할 수 있다.

이러한 위기의 미덕은 생물학과 경제학, 개인의 경험, 정치 상황 등 모든 분야에서 나타난다. 예를 들어 의학의 역사도 질병의 역사와 함께 발전했다. 의사들은 질병에 걸려 정상적으로 작동하지 않고 위기에 빠진 몸을 연구하며 지식을 쌓아갔다. 새로운 질병이 생길 때마다 우리 몸의 신진대사를 이해하는 데 필요한 창문이 열린 셈이다. 그러면서 몸의 작동 원리를 더욱 자세히 이해하게 되었다. 당뇨병도 마찬가지다. 의사들은 이 병을 연구하면서 어떻게 우리 몸에서 당이 만들어지고 혈당이 조절되는지 알아냈다. 당뇨병 환자가 없었다면 혈당을 조절하는 인슐린 호르몬의 역할을 더 늦게 발견했을 것이다.

노르망디 상륙 작전의 비밀

우리가 사용하는 '실패 요법'도 성찰과 이해의 출발점이 된다. 우리가 지금까지 해본 적 없는 질문을 하게 만들기 때문이다. 시골길을 달리다가 도중에 차가 고장 나면 누구라도 보닛을 열고 자동차의 엔진이 어떻게 작동하는지 알아보려고 할 것이다. 인정하자. 우리는 무언가 이상이 생겨야 비로소 작동 원리를 궁금해한다. 내리쬐는 햇빛을 받으며 쌩쌩 달릴 때는 자동차가 어떻게 작동하는지 궁금해하지 않는다. 그저 그 순간을 즐기느라 아무 생각도 들지 않는다. 그래서 실패의 지혜는 무언가가 고장 나는 순간에 시작된다. 보닛이 열리면서 자동차 엔진의 작동 원리를 보여주는 창문도 열린다.

항공사고도 마찬가지다. 항공기 추락 사고가 일어날 때마다 프랑스 항공사고 조사 위원회BEA는 사고 경위를 조사해 결과를 항공 분야의 모든 관계자에게 배포한다. 참사를 분석해 항공 안전에 필요한 지식을 얻기 위해서다. 2009년 리우-파리행 항공기 추락 사고는 에어프랑스 역사상 가장 많은 희생자를 낸 참사다. 사고 이후 블랙박스 분석이 이루어졌고 탈레스 기업이 제작한 관측기의 결함이 사고의 결정적 원인이었음이 밝혀졌다. 대기 중의 얼음 결정이 관측기의 작동을 방해하는 바람에 정확한 속도 측정을 할 수 없었는데, 이 때문에 항공기가 항로에서 이탈했을 때 조종사가 적절한 대응을 하지 못한 것이다. 이후 항공사들은 관측기를 전면 교체했다. 최악의 참사가 모든 승객의 안전을 개선하는 카이로스가 된 셈이다.

역사는 카이로스가 된 비극의 순간들로 가득하다. 1942년 8월 19일 새벽, 캐나다와 영국 연합군은 디에프에 상륙하는 '주빌리Jubilee' 작전을 펼쳤다가 실패했다. 6000명 중 4000명이 목숨을 잃거나 포로로 잡힌 것이다. 공중이나 해안에서 미리 폭격하지 않고 철벽 방어 상태인 항구를 정면 공격한 것이 실패의 원인이었다. 주빌리 작전으로 뼈아픈 실패를 겪은 연합군은 프랑스 해안 상륙에 성공하려면 먼저 적군을 교란하고 작전을 은밀하게 진행해야 한다는 교훈을 얻었다. 이후 1944년 6월 6일 연합군은 노르망디 상륙 작전을 성공시킨다.

깨어 있는 자만이 구원받는다

우리는 인생의 위기에서도 비슷한 교훈을 얻는다. 위기에 빠진 커플은 갈등을 해소하는 과정에서 서로가 무엇을 바라는지, 그리고 어떻게 해야 함께 행복해질 수 있는지 이해한다.

우울증은 어떤가. 우울증은 우리에게 고통스럽더라도 애써 외면했던 내면의 창문을 열어보라고 제안한다. 어쩌면 이것이 우울증의 기능일지도 모른다. 우울증을 앓다 보면 잠시 멈춰서 자기 자신에 관해, 지금의 내 모습과 내가 원하는 모습의 차이에 관해, 자신이 거부하는 것과 무의식적으로 욕망하는 것에 관해 질문을 던지게 된다.

정신적으로 추락하기 전부터 미리미리 자신의 무의식에 관해 질문하는 사람이 과연 몇이나 될까. 스스로 '어떻게 작동하는지' 질문하려면 역시 먼저 고장이 나야 한다. 우울증에 걸리면 의식의 보닛 아래에 무엇이 있는지 알아내고 해독하는 일에 관심이 생긴다. 이런 의미에서 우울증은 흥미로운 모험의 시작이 될 수도 있다. 자기 자신, 그리고 자신의 복잡한 심리를 깊이 이해하고 더 지혜롭게 성장하는 정신분석의 출발점인 셈이다. 우울증은 카이로스가 되어 내면의 수수께끼를 보여주는 창을 연다.

자본주의 역사에서도 수많은 위기가 닥칠 때마다 자본주의의 현실을 보여주는 창이 열렸다. 물론 반복되는 경제 위기를 분석해 개선하는 일은 생각보다 쉽지 않다. 예를 들어 2008년 서브프라임 사태를 떠올려 보자. 전세계가 빠른 속도로 금융위기에 빠졌고, 충분히 예측했음에도 거품 경제의 붕괴를 막지 못했다. 2008년 금융위기는 1929년 증시 폭락과 비슷한 부분이 너무 많아서 경제학이 과연 진보하고 있는지 의심까지 든다.

경제학자들도 항공 엔지니어처럼 사고가 발생할 때마다 시스템의 안정성을 높이고 싶을 것이다. 경제 분야에서 진보라는 개념은 앞으로도 논의가 더 필요하지만, 2008년 위기를 보며 경계를 늦추지 않고 깨어 있어야만 새로운 기회가 만들어질 것은 분명하다. 창이 열려 있다고 해서 창밖에서 일어난 일이 전부 이해되는 건 아니다.

이렇듯 몸이든, 마음이든, 역사든, 개인의 삶이든, 위기가 생기면 현실을 가리고 있던 표면을 찢고 그 안에 숨어 있던 것이 갑자기 모습을 드러낸다. 독일의 시인 프리드리히 휠덜린Friedrich Hölderlin은 이를 시 한 구절로 요약했다.

"위험이 있는 곳에는 구원도 함께 자란다."

다만 구원의 존재를 알아보려면 눈을 크게 뜨고 있어야 한다.

과거로 도피하지 말 것

오늘날 프랑스는 정치, 사회, 경제에서 위기를 겪고 있다. 특히 정체성의 위기가 심각하다. 대의 제도는 더 이상 제대로 작동하지 않고, 프랑스인은 프랑스가 어떤 나라인지, 유럽이 어떤 공동체인지 더 이상 알지 못해 방황한다. 지도자들도 믿을 수가 없다. 역대 대통령들은 매번 최저 지지율 기록을 경신하고 정당도 지지자들에게 외면당한다. 해외에 나가야 비로소 자신이 프랑스인임을 새삼 인식하며, 테러가 일어날 때면 하나가 되지만 이마저도 유효 기간은 며칠뿐이다.

이민자 문제는 프랑스의 정체성 위기를 그대로 보여준다. 프랑스는 이민자를 받아들이지도, 거부하지도 않는 어정쩡한 상태에 있다. '인권의 나라'라고 강조하면서도 정작 수용하는 난민은 몇만 명에 지나지 않는다 (2025년 기준 프랑스는 2022년 러시아의 침공으로 발생한 우크라이나 난민 11만 명을 수용했다—옮긴이). 100만 명 이상 수용하는 독일과는 대조적이다. 그렇다고 해서 오스트리아처럼 난민에게 완전히 문을 닫은 것도 아니다. 이러한 이중적 태도를 볼 때 프랑스인은 스스로 어떤 사람인지 잘 모르는 듯하다. 프랑스는 공동체의 의미에 대해 질문하는 방법을 잊어버렸다. '프랑스인이 되는 것'이 무슨 의미인지도 잘 모른다.

공동체의 위기도 열린 창의 역할을 한다. 위험인 동시에 구원인 셈이다. 하지만 우리 인간은 어려운 순간을 겪으면 마치 전성기가 끝난 듯 좌절만 할 줄 알지, 위기가 지닌 모순된 본질은 제대로 알지 못한다. 고민에만 빠져 있거나 '예전이 좋았지' 하면서 과거에만 집착하면 위기가 새로운 시작임을 잊는다. 그 속에서는 당연히 구원도 발견하지 못한다.

위험에서 피어오르는 구원의 의미를 제대로 알려면 온전히 깨어 있어야 한다. 특히 환상으로 미화된 과거로 도피해 옛 기억과 감정을 곱씹으며 복잡한 현실을 외면하면 안 된다. 진정으로 횔덜린의 시에 귀를 기울인다면 위기를 다른 식으로 받아들일 수 있다. 우울해하는 게 아니라 호기심을 갖고, 불안해하는 대신 새벽이 밝아오길 기대하며 창으로 다가가는 것이다. 잔뜩 위축되어 두려움과 괴로움에 빠지거나 자기 안으로 숨어든다면 슬픔이라는 감정에 자신을 내버리는 것과 같다. 슬픔에 사로잡힌 마음을 자극할 수 있는 것은 오직 희망뿐이다.

불안은 어떻게 세상을 바꾸는가

"모든 것에는 깨진 틈이 있다. 그 틈 사이로 빛이 들어온다."

캐나다 가수 레너드 코헨Leonard Cohen이 부른 〈송가

Anthem〉의 가사다. 위기는 틈과 같다. 그 틈새로 들어오
는 빛은 더욱 강하게 빛난다.

이 빛줄기 속에서 서양의 진정한 모습이 드러난다면
어떨까. 원래 서양의 어원은 '해가 지는 나라'이다. 중세
전문 역사학자 파트리크 부슈롱Patrick Boucheron은 프랑스
고등 연구기관인 콜레주 드 프랑스의 첫 강연에서 서양
의 진정한 모습이 무엇이냐고 질문하면서, 서양의 본질
은 분명한 자신감이 아니라 '저무는 햇빛'에 있다고 말
한다. 서양은 굵직한 역사적 사건을 겪는 과정에서 쇠퇴
하고 있음을 깨달았다는 것이다. 부슈롱은 종교 전쟁 시
대를 살았던 서양인은 서유럽의 가치를 긍정적으로 보
지 않았다고 설명한다.

그는 역사학자 뤼시앵 페브르Lucien Febvre의 말을 인
용하는데, 페브르에 따르면 중세 시대의 서양인은 '16세
기의 슬픈 인간'이었다. 중세 이전에는 서유럽이라는 개
념이 없었고 아랍을 기준으로 해가 지는 불길한 지역인
'마그레브(알제리, 모로코, 튀니지 등 아프리카 서북부 지역을 이
르는 말―옮긴이)'라는 일반적인 의미만 있었다. 마그레브
는 아랍어 'al Magrib'에서 유래했는데 '해가 지는 나

라', 즉 서양을 가리킨다. 부슈롱은 다음과 같이 말한다.

"'서양의 쇠락'이라는 표현 자체가 중복이라 조금은 우습다. 서양이라는 명칭 자체가 '빛이 꺼지는 밤이 다가오는 나라'를 뜻하기 때문이다."

하지만 부슈롱은 서양의 진정한 모습과 아름다움이 바로 그 '기울어져 가는 빛'에 있다고 말한다. 서양은 고민 속에서 성장했고 자기 의심을 통해서 한 단계 높은 문명을 이루었기 때문이다. 그러면서 부슈롱은 '우리는 누구인가'라고 묻는다.

"오늘날 우리는 정체성 쇠퇴를 겪으면서 시대에 맞게 발전하지 못하고 있다. 이런 정체성 쇠퇴가 안타깝다고 느껴지는가? 그렇다면 정체성이 역사적으로 가장 소중한 유산과 멀어졌다는 뜻이다. 이는 유럽의 불행이라고 할 수 있다. 여기서 말하는 가장 소중한 유산이란 세상에 존재하는 데서 느끼는 불안감이다. 역설적으로 이러한 불안감 때문에 우리는 위대해졌지만, 동시에 만족하지 못하는 성향이 되었다."

부슈롱에 따르면 서양은 잘나갈 때도 항상 불안감을 느꼈고 이를 동력으로 삼아 인본주의의 힘을 키웠다.

하지만 오늘날에는 불안감을 느끼면서 오히려 폐쇄적인 방향으로 가고 있고 정체성도 쇠퇴하는 것 같아 유감이라며 안타까워한다.

프랑스는 분명 앞으로 나가지 못하고 있다. 프랑스 위로 태양이 지고 있으며, 더불어 살기에 좋은 땅도 아니다. 하나의 공화국 안에서 다양성을 포용하는 능력도 잃어버렸다. 예전에는 전 세계가 귀를 기울였던 프랑스의 목소리는 더 이상 영향력이 없다. 패션, 명품, 미식과 같은 일부 분야를 제외하면 다른 나라의 롤 모델도 되지 못한다. 하지만 오래전 서양인들이 '저무는 햇빛' 속에서 위대함을 드러냈음을 기억한다면 지금의 쇠퇴를 기회 삼아 다시 일어설 수 있을 것이다.

어려운 상황을 즐겨야 한다

아리스토텔레스는 카이로스를 잡기란 쉽지 않다고 경고했다. 그리스 신화에서 카이로스는 앞머리는 무성하지만 뒷머리는 대머리인 신이다. 그래서 손을 뻗어 카이로스를 잡으려 할 때 앞머리를 재빨리 낚아채지 않으면 반질거리는 머리통 위에서 손이 미끄러진다. 카이로스를 잡으려면 눈을 크게 뜨고 민첩하게 움직이며 상황을 즐겨야 한다.

오늘날 프랑스에는 이러한 여유가 부족하다. 프랑스는 과거라는 허상에 매달려 폐쇄적인 정체성을 고집하며, 시대의 변화를 거부하기 위해 두려움을 조장한다. 이러한 태도는 안이함 그 자체다. 용기를 깨우는 것보다 두려움에 편승하는 것이 편할지 몰라도 나중을 생각하면 위험하다. 끝이 있으면 시작이 있다. 실패가 있으면 희망이 있다. 그리고 슬픔이 있으면 기쁨이 있다. 그런데 이러한 원리를 이해하기가 쉽지 않다.

독일의 철학자 한나 아렌트Hannah Arendt는 진정한 정치란 '새로운 시대를 여는 것'이라고 했다. 새 시대를 열지 못하는 정치는 단순한 행정 업무에 불과하다. 아렌트는 저서 『과거와 미래 사이』에서 정치의 미덕은 본질적으로 '시작의 미덕'이라고 주장한다.

그렇다면 무엇이 시작일까? 어떤 흥미로운 일부터 시작해야 할까? 삶에서 이러한 정치적 질문을 거부하는

것은 뒤로 비겁하게 물러나는 행위다. 무엇을 잃어버렸
느냐는 질문에만 집착해서는 안 된다. 시대의 변화에 맞
춰나가기 위해 개인적으로도, 사회적으로도 무엇을 할
것인지 치열하게 묻고 답하자. 모든 변화는 그렇게 시작
된다.

2부

자아는 지금도 만들어지고 있다

EXPÉRIENCE

CORRECTION

CARACTÈRE

CONFORMITÉ

ASSUÉTUDE

HUMILITÉ

MOUVEMENT

DÉSIR

DÉFAUT

PERSONNALITÉ

DÉCISION

ENTRAÎNEMENT

QUESTION

RAISON

JOIE

DÉCOUVERTE

Ralph Waldo Emerson

Gaston Bachelard

Charles de Gaulle

Epictetus

Jean Paul Sartre

Charles Colton

Friedrich Hölderlin

Sigmund Freud

Henri Bergson

Friedrich Nietzsche

René Char

老子

Michel de Montaigne

Rudyard Kipling

Clément Rosset

Jacques Lacan

나 마주하기

무너질 때마다
내가 누구인지 알게 된다

_지크문트 프로이트

찰스 다윈이 인생에서 진짜 원한 것은 무엇일까? 세상이 요구하는 목표였지만 실패한, 아버지처럼 의사가 되는 것? 아니면 그 목표를 이루지 못한 덕분에 성공한, 과학 역사에 새로운 길을 열어 선구자가 되는 것?

일본의 대표 기업 혼다를 설립한 혼다 소이치로本田宗一郎가 원한 것은 무엇일까? 혼다는 젊은 시절 도요타 엔지니어 채용 면접에서 보기 좋게 떨어졌다. 면접에서 그의 답변은 평소의 그답지 않을 정도로 형편없었다. 하지만 그는 이를 계기로 마음속 깊은 곳에 있던 욕망을 확인하고 실현한다. 스쿠터를 개발해 직접 상품화하고 싶다는 욕망, 바로 창업이다.

정신분석학의 주창자 프로이트는 실패가 무의식을 발현시키는 계기가 된다고 주장한다. 그에 따르면 다윈과 혼다 모두 목표를 이루지 못한 행위 덕분에 성공한 셈이다. 그들의 좌절은 의식적으로 의도한 결과를 달성하지 못했다는 관점에서 보면 실패지만, 무의식적 욕망을 이뤘다는 관점에서 보면 성공이다.

예를 들어 말실수를 보자. 언어를 통해 원래 말하려던 내용을 전달하는 데는 실패했을지 모르나 무의식에 있던 마음을 표현하는 데는 성공했다고 할 수 있다. 프로이트의 방식대로 이해하면 행동이든 말이든 실패는 마음속 깊이 숨어 있던 욕망이 작동했거나 무의식적인 전략이 효과를 발휘한 결과일 수 있다.

공격성과 야망이 드러나는 순간

우리는 무의식에 숨어 있던 욕망을 어디까지 표출할 수 있을까? 이를 제대로 이해하려면 프로이트가 혁신적으로 바꾼 정신의 개념을 먼저 살펴봐야 한다.

프로이트는 인간의 정신이 세 개의 장소로 이루어져 있다고 주장한다. 그가 '지형학topique'이라고 부르는 세 개의 장소는 '자아Ego', '이드Id', '초자아Superego'이다. 프로이트는 다음과 같이 말한다.

"자아는 집주인이 아니다."

유일하게 의식의 영역인 자아의 지배력은 지형학적으로 아래와 위에서 위협받는다. 아래에서는 이드의 위협을 받는데, 이는 어린 시절부터 억압된 모든 충동이 쌓여 공격적으로 발현되는 무의식적 에너지다. 그리고 위에서 오는 위협은 초자아가 폭군처럼 내리는 명령이다. 초자아는 사회적, 도덕적으로 이상적인 자아로, 이역시 무의식의 많은 부분을 차지한다.

무의식은 활발하고 역동적인 에너지로 실패를 통해 발현되기도 한다. 이는 이드의 에너지일 수도 있고, 초자아의 에너지일 수도 있다. 그래서 어떤 행위가 실패로 돌아가면 억눌려 있던 공격성과 숨어 있던 야망이 표출될 수 있다. 예를 들어 남편이 아내에게 입맞춤하려다가 아내의 뺨과 부딪쳤다고 해보자. 프로이트식으로 해석하자면 이때 남편은 입맞춤에 실패했지만 무의식중에 아내를 공격하고 싶었던 숨은 욕망을 채우는 데는 성공한 것이다.

다른 예로 면접에서 떨어진 사람이 있다고 해보자. 이 사람은 면접 보는 직장보다 더 나은 직장을 원하는 마음 때문에 실패했을 수 있다. 이때는 초자아가 발현된 것이라고 해석된다.

당신은 일부러 실패하고 있다

프로이트는 의식적인 불쾌감과 무의식적인 쾌락이 동시에 존재한다고 설명한다. 우리는 반복되는 일상에 자주 불만을 느낀다. 그런데 놀랍게도 불만족스러운 행위를 계속한다. 당연히 불만족스러운 상황도 바뀌지 않는다. 의식적으로는 불쾌한 습관이지만 무의식적으로는 쾌락을 느끼기 때문이다. 이는 정신분석학자 자크 라캉Jacques Lacan의 논리로도 설명할 수 있다. 그는 다음과 같이 말한다.

"모든 실패한 행동에는 성공의 메시지가 있다."

여기에서 언급된 메시지는 무의식이 보내는 메시지다. 무의식의 메시지는 해석하고 판독할 필요가 있다.

20세기 프랑스 문학을 대표하는 미셸 투르니에Michel Tournier는 철학 교수 임용에 여러 번 탈락했다. 거듭되는 좌절에 깊이 상처받은 것은 물론이다. 하지만 이후에는 문학사의 고전으로 꼽히는 『방드르디 태평양의 끝』과, 1970년 심사위원 만장일치로 공쿠르상을 수상한 『마왕』을 남겨 전설적인 작가의 반열에 올랐다.

그의 사례는 두 가지 방식으로 해석할 수 있다. 첫째는 철학 교수가 되지 못한 덕분에 소설가로 방향을 틀어 성공했다고 단순하게 설명하는 것이다. 철학 교수가 되었다면 『마왕』을 집필할 시간과 욕심도 생기지 않았을 것이다.

둘째는 투르니에가 진정으로 원한 것은 대학교수가

아니라 소설가가 되는 것이어서 임용 시험 탈락을 선택했다는 것이다. 실제로 많은 심리학자가 내담자에게 이와 같은 맥락에서 조언한다.

"실패를 불쾌한 사고로 보지 마세요. 그보다 숨겨진 의도가 표출되었다고 생각하세요."

이 관점을 적용하면 놀랄 때가 많다. 상황이 완전히 다르게 보이기 때문이다. 물론 숨은 의도가 표출된 상황을 당장 받아들이기는 쉽지 않다. 무의식은 외면하고 싶은 무언가이기 때문이다. 우리는 이를 보고 싶어 하지 않는다. 하지만 실패를 반복한다면 눈을 떠야 한다. 정말로 알아야 할 무언가를 보지 않으려고 버티는 건 아닌지 생각해 봐야 한다.

인생에 브레이크가 걸리는 이유

이처럼 정신분석에서는 실패와 성공이 사실 반대라고 말한다. 성공 같아 보여도 실제로는 실패한 경우일 때가 많다는 것이다. 그런데 눈에 보이는 성공에 빠져 자신에게 솔직하지 못하면 그 대가를 치르게 된다. 우울증에 걸리는 것도 하나의 예다.

《마리끌레르》의 편집자이자 『그리스인 Le Grec』, 『블루 리츠 Bleu Ritz』 등의 베스트셀러를 쓴 피에르 레이 Pierre Rey 는 부와 성공을 거머쥐고도 심각한 우울증을 겪었다. 허무함에 사로잡혀 더 이상 아무것도 하지 못하는 지경이었다. 사랑도 할 수 없었고 맡은 일도 책임감 있게 해내지 못했다. 불면증과 식욕 저하에 시달린 것은 물론이다. 겉으로 보기에 레이는 원하는 것을 모두 이루고 최고의 미녀들과 성격 좋은 친구들에게 둘러싸여 궁전 같은 저택에서 한평생을 보냈다. 그런데 도대체 왜 우울증에 걸린 걸까.

레이는 자크 라캉에게 정신분석 치료를 받았다. 그리고 치료가 진행되면서 자신이 이룬 성공이 마음속 깊이 원하던 욕망과 너무나 다름을 깨달았다. 그의 진정한 욕망은 잘 팔리는 소설을 공장에서 찍어내듯 만들어내는 것이 아니라 진심을 다해 자신만의 문체로 책을 쓰는 것이었다. 심심풀이로 읽는 책이 아니라 독자들이 살아가는 데 도움을 주는 책, 인류의 지성에 기여하는 책을 쓰고 싶었다. 그런데 언론과 서점, 심지어 카지노에서도 모든 일이 쉽게 풀리면서 자신이 진정으로 원했던 길과 멀어져 버렸다.

우울증을 계기로 숨겨진 욕망과 마주한 그는 자신이 진짜 원하는 삶을 되찾기 위해 '성공적으로 보이는' 모든 삶에 브레이크를 걸었다. 그동안 성공에 취해 소홀히 했던 자신과의 대화도 몇 개월이나 지속했다. 그리고 이 경험을 바탕으로 『라캉과 보낸 한 계절Une saison chez Lacan』이라는 책을 내놓았다. 정신분석과 욕망, 삶의 어려움을 탁월하게 표현한 걸작이다. 이 책은 레이의 이전 베스트셀러들과 달리 지금까지도 사람들의 기억에 남아 마음을 울리고 있다.

우울증이 찾아오는 데는 이유가 있다. 우울증은 자신의 의지가 광적일 정도로 지나치거나 자신이 정말 원하는 것과 관계없이 의지만 불태우고 있음을 깨우쳐 준다. 그리고 진짜 원하는 것에 다시 귀를 기울일 수 있도록 부차적인 일을 잠시 멈추게 돕는다. 이것저것 일시적인 욕망을 따라가며 이를 충족하려고 애쓰지 말자. 자신의 진짜 욕망에 충실한 삶이야말로 성공한 인생이다.

의지를 내려놓을 용기

인생에 브레이크가 걸렸을 때 상황을 있는 그대로 받아들이고 자신의 욕망이 발현되도록 자연스럽게 따라가면 놀라운 기회가 찾아온다. '세렌디피티serendipity'는 '뜻밖에 찾아온 행운'을 뜻한다. 미처 생각하지 못한 것을 발견하는 능력이다. 뜻밖의 기회로 탄생한 세렌디피티 효과는 주변에서 흔히 볼 수 있다.

비아그라를 개발한 사례가 대표적이다. 제약회사 화이자의 연구원들은 협심증을 치료할 목적으로 실데나필을 만들었는데 아쉽게도 기대했던 효과를 충분히 내지 못했다. 그런데 이 약은 예상치 못한 부작용을 일으켰다. 남성의 발기를 일으키는 데 탁월한 기능을 한 것이다. 남성들이 수 세기 전부터 찾아온 강력한 발기 부전 치료제가 탄생하는 순간이었다.

이보다는 덜 유명하지만 인공 심장 박동기인 페이스메이커의 사례도 흥미롭다. 뉴욕 버팔로대학에서 어느 엔지니어가 심장 박동을 기록하는 기계를 발명하려고 연구했다. 그런데 전자 부품 더미에 손을 넣어 전열선을 찾던 중 실수로 다른 부품을 집는 바람에 엉뚱한 기계가 만들어졌다. 심장 박동을 기록하기는커녕 전기 충격을 가한 것이다. 엔지니어는 전기 충격을 활용할 방법을 고민했고, 5년 뒤 심장 박동을 돕는 페이스메이커를 출시했다. 이 기계는 지금까지도 수많은 사람의 목숨을 구하고 있다.

이 외에도 세렌디피티 효과는 무수히 많다. 양조 통안에 보관해 두었던 와인이 너무 시고 단 맛으로 변하는 바람에 우연히 샴페인이 탄생했고, 오렌지 과육이 든 탄산음료 '오랑지나'는 제조자가 미처 없애지 못한 과육 찌꺼기가 남아 만들어졌다. 프랑스의 전통음식인 타르트 타탱의 사례도 유명하다. 애플파이를 만들던 타탱 자매가 깜빡하고 반죽을 빠뜨린 채 오븐에 사과와 설탕만 넣고 굽다가 뒤늦게 반죽을 얹음으로써 우연히 만들어졌다.

정신과 상담실에서는 소파에 누워 있던 환자가 갑자기 과거에 경험한 실패, 말실수 또는 꿈의 한 장면에서 어떤 깨달음을 얻을 때가 있는데 이 역시도 세렌디피티 효과다. 자신의 상태를 이해하려고 답을 억지로 찾는 것이 아니라 자유롭게 이런저런 생각을 떠올리다가 해결의 실마리를 우연히 발견하는 현상이다.

세렌디피티는 아주 짧은 순간이라도 의식적으로 만들어둔 의지를 내려놓을 때 경험할 수 있다. 뜻대로 되지 않은 현실을 있는 그대로 받아들이고 나도 몰랐던 욕망에 자신을 맡기는 것이다. 이때 위기를 기회로 만들겠다며 억지로 새로운 의지를 다지는 행동은 도움이 되지 않는다. 오히려 경직되어 시야가 좁아진다. 새롭게 펼쳐진 상황을 따라 자연스럽게 흘러가지 않았다면 비아그라도, 페이스메이커도, 샴페인도 결코 탄생하지 못했을 것이다.

인간은 망설이면서도 나아가는
유일한 동물이다

_앙리 베르그송

여기까지 읽다 보면 너무 실패를 예찬하는 게 아닌지 의심이 들 수 있다. 아무런 배움도 얻지 못하는 시련도 있지 않은가? 좌절만 남기는 경우도 있지 않은가? 이에 답하기 위해 인류학적인 이야기를 하려고 한다.

철학자 미셸 셰르Michel Serres는 어느 강연에서 다음과 같이 짓궂은 질문을 던졌다.

"거미집을 짓지 못하는 거미가 상상되십니까?"

본능에 충실한 거미는 자연의 법칙을 따르기만 하면 되니 거미집을 못 지을 리 없다는 말이다. 이와 마찬가지로 꿀벌들 역시 신호를 완벽하게 수고받기 때문에 소통에 오해가 생길 일이 없다. 그래서 세르는 다음과 같은 결론을 내린다.

"동물은 실패할 수 없습니다."

하지만 인간은 다르다. 혼자 집 짓고 살 수 있는 사람도 드물고, 상대방의 말을 제대로 이해하지 못해 오해하는 일도 흔하다. 인간은 행동할 때 타고난 본성에만 의지하지 않기 때문이다. 그래서 여러 차례 시험을 거쳐 일을 진행하고 이를 통해 사고와 지식을 발전시킨다. 인간에게 실패는 살아가는 데 꼭 필요한 요소인 셈이다.

미완성으로 태어나다

인간은 자랄 때 동물보다 더 많은 어려움을 겪는다. 자연법칙만 따르지는 않다 보니 더 많은 난관에 부딪히는 것이다. 갓난아기와 조랑말을 비교해 보자. 이제 막

태어난 갓난아기는 말도 못 하고 걷지도 못한다. 갓난아기는 첫걸음을 내딛기까지 평균 2만 번을 넘어진다. 걷기에 성공하기 위해 2만 번의 실패를 겪어야 하는 것이다. 그러나 조랑말에게는 이런 힘든 여정이 필요 없다. 조랑말은 어미의 배에서 나오자마자 다리를 펴고 일어설 수 있다. 심지어 태어난 지 몇 분 만에 걷는다. 동물행동학자들에 따르면 조랑말은 이미 자궁 속에서 완전히 자란 상태에서 태어난다. 자연의 법칙에 따라 완성된 상태로 세상에 나오는 것이다. 그래서 조랑말은 본능만 충실히 따르며 살아가도 된다.

고대 그리스의 철학자들은 인간이 자연의 돌봄을 받지 못하는 미완의 생명으로 태어났고 그 덕분에 문화가 만들어졌다고 이해했다. 이러한 가정은 서양철학의 역사에서 상식으로 받아들여지는데, 1796년 독일의 철학자 피히테Fichte는 다음과 같이 요약한다.

"동물은 이미 완성된 상태다. 그러나 인간은 대략 윤곽만 잡힌 상태다. 자연은 모든 작품을 완성했으면서 인간을 완성하는 일은 포기했다. 인간이 알아서 자기완성을 해가도록 내버려둔다."

자연으로부터 버림받아 미완성 상태인 어린 인간은 난관을 딛고 교훈을 얻어야 살아갈 수 있다. 나아가 조상들이 경험한 실패도 배우는데, 이것이 바로 다른 동물들에게는 없는 문명의 특성이 된다.

자연의 실패작이라는 원동력

루소는 인간의 특징으로 '완벽해질 가능성'을 꼽는다. 인간은 본능의 지배에서 자유롭기에 실수를 고쳐가면서 끝없이 나아질 수 있다는 것이다. 루소는 '완벽해질 가능성'을 다음과 같이 설명한다.

"환경의 도움을 받아 계속해서 인류를 발전시키는 능력으로, 인간 전체뿐만 아니라 개인에게도 존재한다."

루소에 따르면 동물은 인간과 달리 몇 달 안에 평생 살아갈 모습과 종의 특징이 결정되며, 그렇기에 동물은 1000년 후나 1000년 전이나 똑같다. 물론 동물도 실패에서 무엇인가를 배울 때가 있다. 족제비는 쥐에게 물리지 않고 쥐 잡는 법을 배우고 여우는 어떤 열매를 먹으면 병이 낫는지 배운다. 하지만 동물들이 본능적으로 아는 것에 비하면 극히 적다. 그리고 결정적으로 동물은 자기의 경험을 후세에 전하지 못한다.

20세기 초에는 인간이 '미완성 상태'로 태어난다는 가설이 과학적으로 증명되었다. 1926년 네덜란드의 생물학자 루이 볼크Louis Bolk는 인간을 미성숙한 존재로 특징짓고 이를 '유형성숙(성체가 되어 성적으로 성숙해도 미성숙 상태의 형질을 유지하는 현상—옮긴이)'이라는 뜻의 '네오테니Neoteny'라고 정의했다. 이후 동물학자들은 인간의 태아 성장과 유인원(침팬지, 고릴라, 오랑우탄)의 태아 성장 과정을 비교해 인간의 임신 기간은 9개월이 아니라 21개월이어야 한다고 추정한다. 그뿐만 아니라 발생학자들은 인간 태아의 세포가 완전히 성장하려면 18개월이 필요하다는 결론을 내린다. 결국 태아는 자궁 안에 9~13개월 정도 더 있어야 온전히 자란다는 것이다. 인간은 충분히 자라지 못하고 세상에 나오는 자연의 실패작인 셈이다. 하지만 우리는 오히려 이 미완성 상태를 진보의 원동력이자 불씨로 삼는다.

인간을 인간으로 만드는 것

프로이드는 인간이 미완성으로 태어난 존재여서(또는 두 발로 걷는 동물이어서) 도덕성을 가질 수 있었다고 생각했다. 그는 초기 저서인 『과학적 심리학 초고』에서 다음과 같이 말한다.

"인간은 본래 무기력하다. 모든 도덕적 동기가 여기서 나온다."

프로이트는 연약한 갓난아기를 보면서 어떻게 책임감이 생기지 않을 수 있으며, 갓난아기를 보호해야 하는 상황에서 어떻게 도덕심이 생기지 않을 수 있겠느냐고 질문한다. 인간이 자연의 실패작이라는 약점을 보완하기 위해 도덕적인 존재가 되었다는 주장이다. 그리고 갓난아기를 함께 돌봐야 하기에 인간은 사회를 이루며 사는 존재가 되었다고 말한다. 프로이트에 따르면 인간관계와 가족은 너무 일찍 세상에 태어나 불안해하는 갓난아기를 같이 기르느라 만들어졌다.

결국 인간은 자연법칙을 거부하면서 지금의 모습이 되었다. 우리 문명사회에서는 약한 사람도 생존할 권리가 있기 때문이다. 약한 사람을 방치하지 않으려고 노력하는 순간, 노인을 부축하려고 행동하는 순간 우리는 진정한 인간이 된다.

인간은 아주 어릴 때부터 문명 안에서 정해진 금기 사항을 내면화하고, 자연적으로 지닌 공격성을 누르며 성장한다. 가장 반사회적이거나 가장 폭력적이거나 가장 성적인 충동을 억누르는 과정을 가리켜 프로이트는 '억제'라고 부른다. 인간은 이 억제를 통해 문명을 이루고 본능적으로 간직한 폭력성을 '리비도'라는 에너지로 전환한다. 그리고 이 에너지를 일, 배우려는 욕구, 창의력을 표현하는 데 사용하고 정신적 형태로 바꾸어 문화 예술에 담아내기도 한다. 프로이트의 표현을 빌리자면, 이렇게 우리는 리비도를 '승화'시킨다.

다행히도 인간은 본능적 충동으로 목적을 달성하는 데 실패했다. 덕분에 창의적이고 문명적으로, 그야말로 인간답게 성장했다. 인간은 욕망을 승화시킬 수 있기에 실패해도 다시 일어서서 앞으로 나아갈 수 있다. 우리는 인류가 이루어낸 놀라운 성과를 기억해야 한다.

우리는 기계가 아니다

데카르트는 인간이 자유로운 존재라는 것을 증명하기 위해 '동물 기계' 이론을 개발했다. 그는 「뉴캐슬 남작에게 보내는 편지」에서 동물이 어떻게 작동하는지 알려면 동물의 몸을 기계처럼 생각해야 한다고 주장한다. 말의 심장을 펌프로 보고 말의 동맥을 계전기로 생각하면 말이 어떻게 '작동'하는지 설명할 수 있다는 것이다.

하지만 동물 기계론은 동물의 고통을 부정한다며 비난받았다. 데카르트도 동물이 고통을 느낀다는 것은 알고 있었다. 다만 그는 동물이 기계처럼 완벽하게 본능의 규칙을 따라 행동하는 반면 인간은 기계처럼 작동하지 않는다는 사실을 보여주려 했다.

인간은 너무나 자유롭고 복잡한 존재다. 정해진 대로 행동하는 대신 망설이고 의심하면서 현기증과 불안감에 시달린다. 그 어떤 동물도 인간처럼 서로 반대되는 것을 동시에 원하지 않는다. 인간은 언어를 단순히 메시지를 주고받는 용도로만 사용하지 않기에 서로 오해하기도 한다.

인간이 된다는 건 기계가 되지 않는다는 것이다. 바로 이것이 데카르트가 전하려던 매우 아름다운 메시지다. 우리가 겪는 실패가 이를 증명한다. 인간은 실패할 때마다 스스로 불완전한 존재이자 자유로운 존재라는 사실을 깨닫는다.

삶의 활기는 결핍에서 생겨난다

인간 내면에 있는 욕망도 인간을 계속해서 위대한 존재로 만든다. 그 결핍은 결코 채울 수 없기 때문이다. '성공한' 동물들은 필요한 것만 채우면 만족한다. 그리고 만족감을 느끼면 아무것도 필요로 하지 않는다. 하지만 인간은 다르다. 인간은 기본적인 욕구를 채우면 또다시 다른 무엇인가가 부족하다고 느끼며 새로운 욕망을 품는다. 그래서 인간의 욕구는 만족시킬 수 없고, 욕망의 대상은 성배 같아서 잡힐 듯 사라져 버린다. 절대 충족되지 않는다는 점에서 욕망은 생존 본능과 다르다.

플라톤은 인간의 모든 욕구가 '영원'을 추구하는 마

음과 관계있다고 주장했다. 헤겔은 플라톤을 계승하면서 '영원'을 '탐구'라는 표현으로 바꾸었는데, 그에 따르면 욕망은 절대 다다를 수 없는 가지를 탐구하려는 마음이다. 그리고 프로이트는 모든 욕망의 깊은 곳에 어머니의 자궁 안에서 느낀 만족감을 되찾으려는 마음이 있다고 생각했다. 이것도 충족하기 힘든 욕구다. 플라톤, 헤겔, 프로이트를 계승한 라캉은 우리에게 절대 얻을 수 없는 막연한 대상이 있다며 그것을 '오브제 프티 아objet petit a'라고 불렀다.

이들 철학자의 생각은 완벽하게 통한다. 인간은 불가능한 것을 욕망한다는 뜻이다. 이를 통해 인간은 더욱 위대하고 창의적이며 상상력 넘치고 활력 있는 모습으로 나아간다. 결핍 덕분에, 그리고 만족을 추구했으나 뜻대로 되지 않은 경험 덕분에 인간은 과감해지며 걱정과 호기심, 야심을 동시에 품게 된다.

이것이 인간이다. 모든 욕구를 충족한 인간은 더 이상 도전하지 않을 것이고 창의력도 고갈될 것이다. 만족을 느끼는 순간 평온해질 수는 있어도 활기를 잃을 것이다. 이것이야말로 최악의 실패가 아닐까.

잃어버린 별을 찾아서

'욕망하다Désirer'라는 말은 라틴어 '원하다desiderare'라는 단어에서 생겨났다. 고대 로마의 천문학자와 역술인은 'desiderare'를 '좋은 운세를 나타내는 별이 보이지 않아 아쉬워하는 감정'을 가리키는 표현으로 사용했다. 즉 욕망한다는 건 '잃어버린 별을 찾는' 행위이자 만족하지 못하면서도 계속 탐구할 때 느끼는 마음이라는 것이다.

라틴어 어원으로 보는 욕망의 뜻은 매우 아름답다. 욕망이라는 말은 우리가 절대 만족하지 못하면서도 끈질기게 탐구하면서 느끼는 감정들을 가리키며, 이 결핍의 감정이 우리에게 활력을 더한다는 사실을 일깨운다. 우리는 잃어버린 별을 찾고 있다. 이 별을 '영원'이라 부르든 '탐구'라 부르든 '자궁 안 만족감'이라 부르든 그것은 중요하지 않다. 그 별에 닿지 못한다는 사실이 중요하다.

동물행동학이 발전하면서 인간에게만 있는 고유의 특징을 뽑기가 점점 어려워지고 있다. 고등 포유류도 의식이 있고 고통을 느끼고 죽음을 두려워하며 도덕적인 행동을 따르고 이타적인 태도를 보인다. 그러나 동물이 잃어버린 별을 찾는다는 사실은 지금까지 그 어떤 연구에서도 밝혀진 적이 없다. 이것이 인간과 동물의 차이일지도 모른다. 동물은 불가능한 것을 좇는 데 삶을 바치지 않는다. 하지만 인간은 평생 불가능한 것을 좇는다. 앙리 베르그송은 다음과 같이 말한다.

"인간은 확신 없이 행동하고 망설이고 주저하면서도 성공할 수 있다는 희망과 실패를 두려워하는 마음으로 계획을 세운다. 이런 동물은 인간밖에 없다."

우리는 그렇게 각자의 별을 찾아 더듬거리며 나아가고 있는 것이 아닐까.

좋은 소식이 있다.
인간은 종착지가 아니라
다리라는 것

_프리드리히 니체

우리는 흔히 '실패'와 '패배자'를 혼동한다. 무언가 계획이 틀어지면 자아의 실패라고 여기며 스스로를 가치 없는 존재라고 느낀다. 이전에도 우리의 삶이 있었고 이후에도 삶은 계속되는데, 실패를 절대화하고 그것 자체를 본질처럼 여긴다. 이는 진정한 실존주의자의 태도가 아니다.

앞서 이야기한 마일스 데이비스의 은유를 다시 떠올려 보자. 틀린 음에 멈춰서 그 음만 계속 듣는 것은 한번 실패하면 끝이라고 생각하는 태도와 같다. 멜로디 전체에서 제자리를 찾아 다시 아름다운 음을 낼 기회를 만들지 않는 것, 인생 최악의 순간에 멈춰버리는 것이기 때문이다.

죄책감을 주입하는 철학자들

그럼에도 현실의 벽에 부딪혀 넘어지는 경험은 상처가 될 수 있다. 주요 서양 철학자들이 실패하면 죄책감을 느껴야 한다고 알게 모르게 주입했기 때문이다.

데카르트는 인간에게 서로 모순되는 두 가지 특징이 있다고 했다. '제한된 이해력'과 '끝없는 의지'이다. 데카르트는 인간의 이해력은 금방 한계에 다다르지만 의지는 항상 더 많은 것을 원한다고 주장한다. 그리고 신을 믿었던 그는 우리 인간이 의지력으로 신과 비슷해질 수 있다고 생각했다. 무언가를 이루면 그 이상을 원하는 인간의 의지에서 '신성'을 발견한 것이다. "무엇이든 원하면 이룰 수 있다"라는 말은 사실상 데카르트에게서 나온 것이나 다름없다. 그의 관점에서 보면 인간은 길이가 다른 두 다리, 즉 이해력이라는 짧은 다리와 의지라는 긴 다리로 걸어야 한다. 이렇게 걷는다는 건 쉬운 일이 아니다.

그렇다면 데카르트에게 실패란 무엇을 의미할까? 그는 우리의 의지를 이해력의 한계 안에 제대로 담지 못하는 상태를 실패라고 생각했다. 예를 들어 술자리에서 술기운 때문에 의지를 제대로 사용하지 못해 말실수를 하는 것처럼 말이다. 결국 데카르트의 관점에서 실수는 의지를 제대로 사용하지 못할 때 생긴다. 그는 『철학의 원리』에서 다음과 같이 말한다.

"실수는 우리의 의지에 달려 있다. 우리가 알고 있는 사실이다."

이는 마치 실수하면 죄책감을 느껴야 한다고 압박하는 말처럼 들린다.

내 행동은 내 책임이다?

칸트도 만만치 않다. 그는 이성의 소리에 제내로 귀를 기울이지 못할 때 실수가 생긴다고 말한다. 그리고 선과 악을 제대로 구분할 줄만 알면 올바르게 행동할 수 있다고 강조한다. 도덕성이 마음과 감성에 기초해 있다고 말한 루소와 달리 칸트는 이성에서 비론된다고 했는데, 그의 도덕적 명령은 의외로 단순하다.

"행동의 규범이 자연법칙에 따라 이루어지도록 행동하라."

다른 말로 하면, 나의 행동이 좋은 의도인지 알려면 타인의 행동에 적용할 때 인류공동체가 어떻게 될지 생각해 보면 된다는 뜻이다. 예를 들어 '복수는 본능이지만 본능에 항상 맞서야 한다'라는 규범에 따라 행동하면 인간 사회는 더불어 살아가는 사회가 될까? 칸트의 답은 '그렇다'이다. 그래서 그는 본능을 누르며 행동하는 것이 도덕적이라고 말한다. 칸트의 철학은 사실 누구라도 이해할 수 있을 정도로 쉽다. 도덕적으로 행동하지 못하면 그 책임은 온전히 자신에게 있다는 논리다.

데카르트는 실수의 원인을 인간의 의지에서, 칸트는 인간의 이성에서 찾았다. 두 철학자의 관점에서 볼 때 실패는 인간 노릇을 제대로 못 해서 생기는 일이다. 기원전 6세기 도교를 창시한 노자가 "실패는 성공의 기초다"라고 말한 관점과 완전히 다르다. 데카르트와 칸트에 따르면 실수로 인한 잘못은 죄책감을 느껴야 하는 일이다. 인간의 능력과 장점을 제대로 발휘하지 못한 결과이기 때문이다. 이렇게 보면 실패는 본질적으로 용서할 수 없는 과오가 된다.

동일시의 함정

이러한 관점은 실패를 자기 잘못으로 돌려 스스로를 실패자라고 생각하게 한다. 하지만 프로이트는 실패를 자신과 동일시하는 것은 자신을 부모, 독재자와 동일시하는 것만큼 위험하다고 경고한다.

자신을 부모와 동일시하면 스스로 성장하지 못해 퇴행할 수밖에 없다. 아이일 때는 동일시하는 대상을 자주 바꾸면서 자아를 갖춰야 하며, 우리는 이러한 '놀이' 속에서 나를 만들어가고 개성을 기르는 법을 배운다.

그리고 스탈린이나 히틀러 같은 독재자와 자신을 동일시하면 그의 시각이나 망상에 동조하게 된다. 나아가 비판 능력을 포기해 최악의 상황에서는 범죄의 공범이 될 수 있다.

실패도 마찬가지다. 자신을 패배자와 동일시하면 수치심이나 모욕감에 사로잡혀 스스로의 가치를 과소평가한다. 그러다 보면 돌이킬 수 없는 치명적인 결과를 일으키기도 한다. 무엇이든 자신을 대상에 지나치게 동일시하는 태도는 위험하다.

우리가 조금 더 자연스럽게 살아내려면 실패를 다시 정의해야 한다. 실패는 여러 계획 중 하나가 제대로 된 조건을 만나지 못해 틀어진 것이다. 그렇다면 스스로를 탓할 게 아니라 알맞은 조건을 만나지 못한 원인이 무엇인지 알아야 한다. 시대를 너무 앞서갔기 때문일 수도 있다. 스티브 잡스가 처음 매킨토시를 출시했을 때처럼 말이다. 또는 계획 자체에 결점이 있었을 수도 있다. 그럴 때는 결과를 인정하고 계획을 바꾸면 된다.

자아는 스스로 만든다

자아의 핵심이 무엇인지 정의하기란 쉽지 않다. 하지만 실패하면 정체성이라는 갑옷과 자신의 사회적 이미지, 스스로에 대한 믿음에 금이 가기에 상처받는다. 내가 누구인지 모르겠다는 생각에 가야 할 방향을 잃어버리기도 한다. 잘나가다가 파산한 기업의 대표, 만드는 영화마다 박스오피스 상위권에 올랐는데 새 영화가 1주일 만에 영화관에서 내려와 당황한 감독처럼 우리도 실패를 겪으면 갑자기 좌표를 잃는다.

하지만 이는 좋은 소식일 수도 있다. 그동안 사회적 이미지로 굳어진 자아 때문에 자신이 얼마나 작아졌는지, 내 안의 개성과 복잡한 정체성으로부터 얼마나 멀어졌는지 깨닫는 것이다.

우리의 자아는 고정된 것이 아니라 항상 여러 모습으로 변화한다. 니체는 『차라투스트라는 이렇게 말했다』에서 다음과 같이 말한다.

"좋은 소식이 있다. 인간은 종착지가 아니라 다리라는 것이다."

인간으로 살아간다는 것은 미래로 향하는 다리처럼, 타인을 향하는 다리처럼, 그리고 내가 알지 못하는 나 자신을 향하는 다리처럼, 아직 가보지 않은 길을 향하는 다리처럼 나아간다는 뜻이다. 실패는 우리에게 새로운 다리로 향할 가능성이 있고, 그 가능성에 도전하고 있음을 보여주는 증거다.

행복을 끌어안아라.
그리고 위험에 다가서라

_르네 샤르

살면서 그 어떤 것에도 과감히 도전하지 않고 이성적인 선택만 하는 사람들이 있다. 비유하자면 엑셀 파일을 제대로 작성하는 것이 삶의 목표인 경우다. 이렇게 행동하면 안전할 수는 있지만 큰 성공을 경험할 기회도 차단되어 진정한 자기 자신을 알지 못한다.

물론 과감하다고 해서 꼭 성공한다는 보장은 없다. 하지만 대담한 행동은 자신에게 위험을 감수할 용기가 있음을 확인하는 방법이며, 단순히 논리적 '선택'이 아니라 '결단'을 내릴 능력이 있음을 증명하는 방법이기도 하다.

지식의 한계를 넘는 비밀

A와 B 중에서 하나를 선택하지 못해 갈팡질팡하는 상황을 상상해 보자. 합리적으로 검토한 결과, A가 더 낫다는 판단이 들면 우리는 A를 선택한다. 스스로 납득할 만하면 특별히 고민할 필요도 없다. 하지만 아무리 검토해 봐도 이유는 부족한데 왠지 상황상 B가 맞을 것 같다면 우리는 B를 선택하기로 '결단'한다. 이러한 결정을 하려면 합리적 이유를 뛰어넘는 무언가가 필요하다. 이때 믿는 것이 자신의 감각이다. 그러니까 지식만으로는 충분하지 않을 때 자기 나름의 결심을 하는 것이다.

'결단하다'라는 뜻의 프랑스어 'décider'는 '자르는 행위'를 뜻하는 라틴어 'decisio'에서 나왔다. 결단에는 항상 무언가를 잘라내는 대범함이 필요하다. 조국을 구하기 위해 레지스탕스 운동에 참여한 샤를 드골의 행동은 결단이지 선택이 아니다. 기업가 일론 머스크Elon Musk가 50년 뒤 전기자동차 시대가 오리라 예상하며 테슬라 모터스를 창업한 것은 결단이지 선택이 아니다. 테니스 선수가 경기 끝나기 직전 낮고 빠르게 패싱샷을 시도하는 것도 마찬가지다.

아리스토텔레스는 "결단은 과학이 아니라 예술의 영역"이라고 주장했다. 결단은 분석적인 이성보다 직관에 속한다는 의미다. 그렇다고 비합리적이라는 의미는 아니다. 결단도 기본적으로는 지식이 받쳐주어야 할 수 있다. 이를 설명하기 위해 아리스토텔레스는 의사와 항해사를 예로 든다. 이들은 전문 기술이 있지만 환자가 위독하거나 태풍이 몰아치는 위급한 상황에서는 모든 요소를 완벽하게 검토할 시간이 없기에 불확실성을 감안하고 결단한다.

아리스토텔레스의 스승이었던 플라톤은 이와 반대되는 주장을 했다. 결단은 합리적 선택을 다루는 과학이라는 것이다. 플라톤이 이상적으로 생각한 공화국은 '철학자인 국왕(철인왕)'이 뛰어난 지식으로 다스리는 나라인데, 철인왕은 지식을 바탕으로 합리적 선택을 하기에 절대로 위험 부담을 지지 않는다.

하지만 아리스토텔레스는 위대한 사람이라면 직관적 행동과 결단을 감행하며 자기 지식의 한계를 뛰어넘어야 한다고 비판한다. 통치자들은 지혜로운 왕보다 정치적 예술가가 되어야 한다는 것이다.

프랑스 사회를 예로 들어보자. 프랑스인은 지나치게 플라톤 같은 방식으로 생각한다. 정치교육 기관을 '정치예술학교'가 아니라 '정치대학'이라고 부르는 것만 봐도 알 수 있다. 나아가 고위 공무원 선발과 교육을 담당하는 '국립행정학교(2021년 폐지되었다—옮긴이)'까지 정치와 행정학의 개념이 지배한다.

프랑스 정치교육 기관의 목표는 전문 지식을 갖춘 고위 관리를 양성하는 것이기에 기술 지식 교육을 중점적으로 실시한다. 그렇게 만들어진 고위 관리는 이후 대기업을 이끌며 중요한 결정을 하는 자리에 오르는데도 결단의 본질이 무엇이며 얼마나 복잡한지, 결단이 경험과 어떤 관계가 있는지 전혀 배우지 않는다. 이런 이들이 어떻게 실패를 인간적인 시선으로 보겠는가.

"너 자신이 되어라"

결단과 선택의 차이를 알면 위험을 감수할 때 불안도 잘 견딜 수 있다. 무언가 결단을 내릴 때는 당연히 불안하다. 하지만 이때의 불안은 세상에 미칠 힘이 우리에게 있다는 신호여서 나쁘게 볼 필요가 없다. 사르트르는 『존재와 무』에서 다음과 같이 말한다.

"불안은 자유가 지닌 반사적 반응이다."

인간은 더 이상 어떤 행동도 할 수 없을 때 비관에 빠지지, 불안해하지는 않는다. 하지만 어려운 결정을 내려야 할 때는 불안해진다. 스스로 자유로운 존재라는 사실에 두려움을 느끼는 것이다. 그럼에도 우리는 불안 때문에 삶이 마비되지 않도록 계속 새롭게 도전하며 살아간다.

합리적인 선택만 하려고 들면 실패를 두려워하는 마음이 커져서 경직된 인간이 된다. 하지만 무언가를 결단하면서 살아가면, 그 과정에서 방황하거나 낙담할 수는 있어도 유연해진다. 실패를 있는 그대로 받아들일 수 있고 두려워하는 마음도 누그러진다. 물론 그렇다고 해서 불안에서 완전히 해방되는 건 아니지만, 대담하게 행동하다 보면 생각대로 행동할 힘이 생긴다.

대담한 사람은 두려움이 없는 사람도, 무모하게 위험에 뛰어드는 사람도 아니다. 두려움을 원동력으로 삼는 사람이다. 이들은 위험성을 줄이려고 노력하면서도 결코 피할 수 없는 위험은 그대로 받아들일 줄 안다. 그렇게 적당히 선을 지키면서 '행운을 시험한다.' 무모한 사람은 위험을 말초적으로 즐기지만, 대담한 사람은 위험을 감수한다.

니체는 진정한 삶을 살려면 위험을 감수하는 감각이 필요하다고 주장한다. 그는 사람들을 무기력한 순응주의에서 구출하기 위해 다음과 같이 말한다.

"너 자신이 되어라."

니체가 던지는 메시지는 분명하다. 거침없이 너 자신이 되어 규범을 중시하는 사회의 한가운데에서 개성을 드러내라는 말이다. 두려움을 느끼는 것은 당연하다. 사회는 원만하게 돌아가기 위해 규칙에 순응하라고 요구하기 때문이다.

프로이트는 1929년 출간해 폭발적인 반응을 얻은

저서 『문명 속의 불만』에서 사회에 이로운 것은 개인에게 이롭지 않다고 주장한다. 개인에게 유익한 것은 개성 표출인데, 규칙은 개인이 사회와 다른 길을 갈 때 개성을 억압하기 때문이다. 그래서 우리는 '자기 자신이 되기'가 어렵고 대담해지기 전에 두려움을 느낀다. 책 제목의 '불만'은 여기에서 나온다.

하지만 니체는 이런 두려움도 길들일 수 있다고 주장한다. "너 자신이 되어라"는 그 누구도 자신을 대신할 수는 없으니 적어도 시도는 해보라는 말이다. 그 과정에서 우리는 스스로 어떤 사람인지 알 수 있다. 도전조차 안 하고 자신이 누구인지도 모른 채 죽음을 맞이하는 것이야말로 가장 위험하다.

프로세스에 중독된 사람들

기업 강연을 다니면서 자주 마주치는 유형이 있다. 명문 경영대학이나 공대를 졸업하고 대기업에 들어가 15년 정도 꾸준히 커리어를 쌓은 임원들이다. 이들은 40대가 될 때까지 세월의 풍파와 진짜 위험에서 벗어나 큰 실수도 저지르지 않고, 고위직에 올라 안정적으로 살아간다. 하지만 자기 자신으로 사는 것 같지 않다며 혼란스러워한다. 그리고 현재 하는 일은 다른 사람도 얼마든지 할 수 있는 업무라고 털어놓는다. 이들은 철학 강연을 들으면서 니체의 말에 매료되곤 한다. 일상에서 '자기 자신이 될' 기회가 주어지지 않았다는 사실을 깨닫기 때문이다.

특히 이들은 대화할 때 '프로세스'라는 말을 자주 사용한다. '매니지먼트', '인적 자원', '주도적 행동'이라는 말보다 유독 많이 쓴다. 강연이 끝난 뒤 청중과의 대화 시간에 내가 위험을 감수하는 감각이나 창의성을 옹호할 때마다 하나같이 프로세스를 언급한다. 자기 자신이 되지 못해 좌절한 이들은 꼭 프로세스의 희생양처럼 보인다. 프로세스는 원래 업무를 합리적으로 수행하는 데 필요한 개념이지만 그들에게는 그 기능이 변질된 듯하다. 수단이 목적이 되어버린 셈이다.

실제로 기업에서 임원들은 목표 달성 결과로만 평가받지 않는다. 어떤 방식으로 달성했는가, 즉 프로세스를 제대로 지켰는가에 관해서도 평가받는다. 이처럼 프로세스가 지배하는 조직에서 창의성은 쓸모없는 결점이고 실패는 무능력의 증표다. 물론 예외도 있지만 프랑스 기업에서는 전반적으로 주도적 행동, 즉 위험을 감수하는 행동은 그리 높은 평가를 받지 못한다.

자신이 쓸모없는 존재가 된 것 같아 혼란스럽다고 고백하는 이들, 왠지 슬퍼 보이는 이들을 보면 위험을 감수하지 않는 삶이 얼마나 위축되어 있는지 알 수 있다. 작은 불씨만 남아 꺼져가는 모습이다. 이들 중에는 현재 상황에 만족하면서 직업은 생계 수단으로만 생각하고 삶의 활력은 다른 데서 찾는 사람도 있고, 반대로 용기를 내어 창업하면서 새로 태어난 듯한 짜릿함을 맛보는 사람도 있다.

한편 번아웃에 빠져 우울증을 겪는 사람도 있다. 번아웃은 흔히 생각하는 것처럼 일을 너무 많이 해서 생기는 현상이 아니다. 자기 고유의 모습과 재능, 자신을 표현할 가능성을 차단당한 채 일하기 때문에 생긴다. 아무리 바빠도 직업을 통해 자아를 실현할 수 있다면 번아웃에 빠지지 않고 활기차게 일할 수 있다.

모든 행동에는 대가가 따른다. 하지만 행동하지 않으면 더욱 혹독한 대가가 따른다. 우울증을 겪는 임원들이 이를 잘 보여준다. 항상 모범생으로 살았던 이들은 위험을 무릅쓰지 않으면서 생기를 잃어갔다. 프로이트는『정신분석 입문』에서 다음과 같이 경고한다.

"인생에서 더 이상 내기를 걸지 못하는 순간에 삶은 무미건조하고 재미없어진다."

행운은 대범한 사람에게 미소 짓는다

영국 버진그룹의 대표 리처드 브랜슨Richard Branson은 대담하게 도전하며 자기다운 인생을 사는 사람의 좋은 예다. 그는 여느 기업가들과 다른 삶을 산다. 열기구를 타고 대서양 횡단에 최초로 성공했고, 예순한 살에는 카이트서핑(바람의 힘으로 서핑 보드를 끌면서 물 위를 달리는 레포츠—옮긴이)으로 영불해협을 건넌 최고령 서퍼로 기록되었다. 그가 세운 버진그룹은 항공, 철도, 유통, 무선통신, 우주여행 등 다양한 분야에 진출했는데, 브랜슨은 특히 버진 애틀랜틱 항공사를 만들어 영국 항공사의 독점을 막는 등 대범한 시도를 해서 찬사를 받았다.

물론 대담한 만큼 실패도 많이 겪었다. 펩시와 코카콜라 사이에 틈새시장이 있다고 보고 1994년 버진 콜라를 화려하게 선보였다가 상품화를 포기했다. 인터넷 시대가 오기도 전에 온라인과 오프라인 매장, 비공식 행사로 화장품을 판매하겠다는 획기적인 아이디어를 내서 행동에 옮겼으나 막대한 손실만 입기도 했다. 그리고 애플이 출시한 아이팟과 경쟁하기 위해 버진 펄스를 내놓지만, MP3보다는 초시계처럼 보이는 디자인 때문에 시장에서 쓴맛을 봤다. 이 외에도 브랜슨이 도전했다가 실패한 목록은 끝이 없다.

하지만 그가 기업가의 삶으로 뛰어든 계기 역시 실패에서 비롯되었다. 스물한 살에 첫 음반 회사를 세웠는데 얼마 지나지 않아 부가가치세 탈세 혐의를 받아 하룻밤을 감옥에서 지냈고, 엄청난 액수의 벌금을 내게 되어 어머니의 집을 담보로 삼아야 했다. 이 과정에서 브랜슨은 기업을 운영하는 법을 배웠고, 빚을 갚기 위해 음반 회사를 빠르게 키웠다. 그리고 마침내 피터 가브리엘

Peter Gabriel, 휴먼 리그Human League, 필 콜린스Phil Collins 등
80년대를 주름잡은 대스타들을 발굴하며 성공한다.

브랜슨은 자신의 지난 실패를 유쾌하게 인정한다.
버진 콜라의 사례를 들며 자신보다 큰 상대를 겁도 없이
공격했었다며 웃고, 버진 펄스를 보자마자 자신은 스티
브 잡스가 아니라는 사실을 깨달았다고 말한다. 이처럼
그는 실패를 부끄럽게 생각하지 않고, 오히려 더 대담하
게 행동한다.

"대범한 사람은 오래 살지 못합니다. 하지만 대범하
지 못한 사람은 아예 살지를 못합니다."

브랜슨이 프랑스의 속담 '행운은 대범한 사람에게
미소 짓는다'를 자신의 방식으로 풀어낸 말이다. 위험을
감수하는 사람들은 기꺼이 도전하며 자신의 재능을 깨
달아 행운을 부르고, 행운은 이들을 향해 미소 짓는다.

기발하고 맹렬한 도전들

최초의 무료 인터넷 접속 서비스를 출시한 기업가

자비에 니엘Xavier Niel은 여러 면에서 브랜슨과 놀랄 정도로 비슷하다. 두 사람 모두 학위가 없고 열여덟 살 전에 창업했으며 이른 나이에 감옥을 다녀왔고 무선통신 분야를 개척했다. 브랜슨과 마찬가지로 니엘도 선구자 같은 과감함과 뛰어난 능력을 보여주었다.

그는 무료 인터넷 접속 서비스를 출시하기 훨씬 이전에 미니텔 전화번호 검색 서비스를 최초로 개발했다. 전화번호로 이름을 찾는 방식인데, 이름으로 전화번호를 찾는 기존 서비스의 원리를 뒤집어 혁신을 일으켰다. 이 서비스는 니엘의 사고방식을 그대로 반영한다. 전화번호부 정보를 얻어낼 수 없었던 그는 합법적이면서도 기발한 방법을 사용했다. 프랑스 텔레콤의 허점을 이용한 것이다. 당시 통신 서비스 단말기인 미니텔은 접속한 뒤 처음 3분간 무료였는데, 니엘은 이 시간을 이용해 미니텔 수백 대를 동시에 작동시켜서 전화번호를 수집했다(물론 프랑스 텔레콤은 니엘을 탐탁지 않게 여겼다). 이후 1999년 그는 최초의 무료 인터넷 접속 서비스인 '프리'를 출시해 성공을 거두었다.

니엘은 여기서 만족하지 않았다. 어느 날 그는 실리

콘밸리의 어느 발명가가 '마법의 상자'를 내놓았다는 이야기를 듣고 미국으로 떠난다. 하지만 막상 가보니 현실은 달랐다. 팰로앨토에서 샌프란시스코까지 찾아나섰지만 마법의 상자는 어디에도 없었던 것이다. 그와 동업자들은 유니버설 스튜디오의 에스컬레이터를 타고 오르면서 자신들이 직접 마법의 상자를 출시하기로 결심한다. '없다면 스스로 개발한다'는 정신이었다. 그렇게 해서 몇 달 뒤 '프리박스'가 탄생한다.

프리박스는 월 29.99유로의 인터넷 서비스를 제공하며 혁신을 일으킨다. 수많은 이용자가 몰려들었고 경쟁사들은 서둘러 프리박스를 모방했다. 니엘은 2012년 프리 모바일까지 출시하고 19.99유로의 모바일 서비스와 2유로의 모바일 서비스, 이렇게 두 가지 요금 체계의 서비스를 내놓으며 매우 공격적으로 시장을 공략한다. 프리 모바일은 출시 첫날 100만 명이 가입했고, 현재 가입자 수는 600만 명이다(2021년 기준 1300만 명 이상이다—옮긴이).

의미 있는 삶의 시작

만약 니엘이 상황을 합리적으로 분석하며 성공이 보장될 때까지 결단을 내리지 못했다면 아무것도 얻지 못했을 것이다. 물론 그도 리처드 브랜슨처럼 실패를 많이 겪었다. 부동산 정보 사이트(immobilier.com)와 구인 구직 사이트(emploi.com)를 개발했다가 실패한 사례가 대표적이다. 그럼에도 그는 행동의 원동력을 제대로 이해한 것 같다. 철학자 알랭Alain은 행동의 원동력을 다음과 같이 유머러스하게 요약한다.

"행동을 시작하는 것이 실천의 비밀이다."

자신의 직관을 따르며 결단을 내리는 힘도, 대범하게 도전할 힘도 결국 행동력에서 나온다. 우리는 엑셀 파일 정리와 같은 의미 없는 삶에서 얼마든지 탈출할 수 있다.

연습

천 리 길도
한 걸음부터 시작한다

_노자

축구선수 즐라탄 이브라히모비치 Zlatan Ibrahimovic 는
남다른 킥 기술로 유명하다. 무술이나 길거리 싸움을 생
각나게 하기 때문이다. 나는 파르크 데 프랑스에서 열린
경기에서 그의 경기를 본 적이 있는데 '비둘기 날개'라
는 기술로 골을 넣어 깊은 인상을 남겼다. 마치 슬로모
션처럼 발등 바깥쪽으로 공을 차서 등 뒤로 골을 넣는,
그 누구도 보여준 적이 없는 우아한 기술이었다. 그저

미쳤다는 생각이 들 정도로 과감했다.

대범한 태도를 만드는 비밀

　이처럼 멋진 한판 승부에는 그동안 안 보이는 곳에서 같은 동작을 수없이 반복하며 쌓은 선수들의 노력이 담겨 있다. 이브라히모비치도 마찬가지다. 그만의 킥 기술을 연마하기까지 매일 오랜 시간 연습했고, 어렸을 때는 태권도 훈련도 집중적으로 받았다. 수년간의 연습이 기술에 그대로 녹아든 것이다. 천재적인 솜씨는 결코 그냥 만들어지지 않는다. 이브라히모비치의 이러한 대범함은 르네 샤르가 『히프노스의 글 Feuillets d'Hypnos』에 쓴 다음의 멋진 문장으로도 표현할 수 있다.

　"원초적으로 행동하고 전략적으로 예측하라."

　이브라히모비치는 훈련할 때 경기 상황을 예측했을 것이다. 바로 '전략적 예측'이다. 그러나 수천 명의 관중이 지켜보는 경기에서는 그 기술을 순간적으로 대범하게 사용한다. 이는 모든 것을 잊고 움직이는 '원초적 행동'이다. 오래전부터 갈고닦은 행동을 과감하게 실천하는 것이다.

이처럼 대범해지려면 반드시 조건이 필요하다. 경험을 쌓으며 실력을 키우고 안전지대 밖에서도 행동할 수 있을 만큼 기술을 연마해야 한다. 경험이 적으면 계속 한자리에 머물며 새로운 일을 시도하지 않는다. 하지만 경험이 쌓이면 오히려 자기 경험에만 의존할 수 없음을 알고 직관에 귀를 기울인다. 대범함은 그 결과물이다. 인간은 대범하게 태어나는 것이 아니라 대범하게 만들어진다.

그중에서도 중요한 경험은 자기 자신에 대한 경험이다. 이것이 쌓여야 위험을 감수할지 말지 결정할 수 있다. 자신을 잘 아는 사람은 결단을 내려야 할 순간이 왔을 때 감정과 예감에 집중한다. 그리고 스스로 다음과 같이 질문한다.

"예전에 제대로 된 결정을 내렸을 때 느꼈던 감정을 지금 느끼고 있는가? 좋은 기회를 잡았을 때 느꼈던 확신이 다시 드는가?"

최선을 다해 감탄할 것

우리는 다른 사람의 대범한 행동에 감탄하면서 자극받기도 한다. 대범한 사례를 보면 왠지 안심되고 자신도 그렇게 행동할 수 있다는 희망이 생기기 때문이다. 파블로 피카소Pablo Picasso는 디에고 벨라스케스Diego Velázquez와 폴 세잔Paul Cézanne에게서 영감을 얻었고 바르바라는 에디트 피아프에게서 영감을 얻었다.

물론 이들은 대상을 단순히 모방하지 않았다. 바르바라는 여성스러운 음색으로 비극적인 감정을 표현한 피아프의 기품에 감탄하면서도 자신만의 음색을 완성했고 〈장밋빛 인생〉을 만든 피아프의 개성에 자극받아 자신만의 음악적 재능을 발견해 나갔다.

피카소는 자신처럼 안달루시아 지방 출신인 벨라스케스의 기법에 감탄했다. 그림 속 인물들의 시선 처리, 액자 구성, 수수께끼처럼 보이는 배치가 매력적인 〈시녀들〉에 특히 많은 영감을 받았다. 그는 벨라스케스의 환상적인 기법을 중요한 열쇠로 삼아 〈시녀들〉이라는 58점의 연작을 그렸다. 그리고 거울 안에 비친 인물의 자리에는 벨라스케스 대신 피카소 자신을 그려 작품을 완성했다.

뛰어난 사람들은 다른 사람의 뛰어난 모습에 감탄을 아끼지 않는다. 누구도 따라 할 수 없는 특별함에 매혹되어 강한 자극을 받는 것이다. 혹시 자신에게 대범함이 부족하다고 느낀다면, 주변에 영감을 주는 스승이 없기 때문일지도 모른다. 감탄할 기회가 없으면 실력이 있어도 개성을 과감히 드러낼 용기가 생기지 않는다. 이와 관련해 마크 트웨인Mark Twain은 『허클베리 핀의 모험』에서 다음과 같이 말한다.

"네 야심을 꺾는 사람을 피해. 속 좁은 사람들이거든. 정말 위대한 사람은 너도 위대한 사람이 될 수 있다고 깨닫게 해주지."

완벽주의의 함정

결정적 순간에 대범하게 행동하고 싶다면 반드시 경계해야 할 요소가 있다. 바로 지나친 완벽주의다. 완벽주의에 빠지면 새로운 도전을 해볼 기회가 와도 무의식 중에 완벽하게 잘하지 못할 바에는 아무것도 하지 않는 게 낫다고 생각하게 된다. 그리고 아직 준비되지 않았다고 변명한다. 여러 사람 앞에서 발표를 할 때 긴장해서 굳어버리는 것도 하나의 예시다. 이들에게는 일단 행동해야 두려움이 사라진다고 알려주어야 한다. 폴 발레리 Paul Valéry의 아름다운 시구절을 인용해도 좋다.

"행동하기 위해 모른 척하고 넘어가야 할 것들."

모른 척하고 넘어간다는 것은 '알지 못한다'와 '고려하지 않는다'를 동시에 뜻하기에 이 문장은 두 가지 메시지를 전한다. 첫 번째는 앞으로 닥칠 어려움을 모르는 게 나을 수도 있다는 것이다. 그리고 두 번째는 이미 알고 있는 정보라도 고려하지 않고 넘길 수 있어야 한다는 것이다. 그러나 완벽주의자는 이와 정반대로 행동한다. 시도하기 전 모든 것을 알아야 한다는 생각을 핑계 삼아 시도조차 하지 않거나 너무 주눅이 들어서 제대로 해내지 못한다.

완벽주의는 디지털 경제를 기반으로 한 현대사회와도 어울리지 않는다. 기술 발달과 소비 트렌드의 변화가 너무 빨라서 전통적인 경제 시스템에서 하던 방식은 더이상 통하지 않기 때문이다. 오랫동안 테스트를 거친 뒤에 제품을 완벽하게 만들어 시장에 내놓는 기존의 방법으로는 매일 쏟아지는 새 제품에 밀려 금세 뒤처질 수밖에 없다. 따라서 일단 새로운 서비스와 제품을 빨리 만들어 소비자의 반응을 파악한 뒤 품질을 향상시키든가 판매를 중단해야 한다. 그 과정에서도 대범한 태도는 매우 중요한 역할을 한다. 여기에 완벽주의가 설 자리는 없다.

실패를 견디는 힘

"멍청한 놈들은 무엇이든 시도해. 그래서 멍청한 놈들이 인정받아."

영화 〈무슈 갱스터〉에 나오는 명대사다. 우리는 아는 것이 별로 없을 때 쉽게 행동으로 옮기고, 그 덕분에 결국 인정받는다. 물론 과감하다는 건 아무 데나 마구 뛰어드는 것이 아니다. 꼭 필요할 때, 지식에 머물지 않고 행동해야 할 때 과감히 나서는 것이다. 이는 르네 샤르의 시구절과도 통한다.

"너의 행운을 받아들여라. 너의 행복을 끌어안아라. 그리고 너의 위험에 다가가라."

르네 샤르는 자신이 할 수 있는 것을 하고 안전지대에서 충분히 즐기되 필요하다면 언제든 바깥으로 나가 모험하라고 말한다. 그렇게 현재 상황을 자기 주도적으로 만들어가야 비로소 행운이 찾아온다는 것이다. 용기가 부족할 때 떠올리기 좋은 구절이다.

과감하게 행동하고 싶다면 항상 기억해야 할 점이 있다. 그 어떤 것에도 과감히 도전하지 않다가 갑자기 실패를 경험하면 그 타격감은 감당하기가 더 힘들다는 점이다. "천 리 길도 한 걸음부터 시작한다"라는 노자의 말처럼 차근차근 경험을 쌓아나갈 때 실패를 견디는 힘도 강해진다.

교육이란
물을 채우는 것이 아니라
불을 지피는 것이다

_미셸 몽테뉴

프랑스에는 뛰어난 교사들이 많다. 학생들에게 진심으로 관심을 쏟고 성장하는 모습에 보람을 느끼며 이들이 지식을 사랑할 수 있게 돕는다. 나 역시 학생 시절 문학 수업을 들으며 작가의 꿈을 키울 때 카리스마 넘치는 철학 교사를 만나면서 인생이 달라졌다. 돌이켜 보니 그랬다.

현재의 나는 교사로서 매일 강렬한 기쁨을 느낀다.

그래서 교사들을 무작정 비판하고 싶지 않다. 그러나 아쉽게도 프랑스의 교육제도는 실패의 가치를 제대로 가르치지 못하고 있다.

나는 아주 다양한 환경에서 철학을 가르쳤다. 소도시의 평범한 학교, 파리의 유명 고등학교, 외곽의 문제 많은 학교, 국립고등학교, 파리정치대학에서 철학을 가르쳤고 다양한 학생을 만났다. 파리 북동부의 보스케 집단 주거촌에 사는 학생들을 비롯해 파리 부촌에 사는 학생들, 산악자전거를 타고 들판을 가로질러 등하교하는 북부 지방의 학생들, 그리고 바다를 한 번도 보지 못한 교외 지역의 학생들을 가르치면서 교육제도의 여섯 가지 문제점을 발견했다.

첫째, 새로운 길을 차단한다

프랑스에서는 학생들이 문제를 풀다 틀렸을 때 격려받는 일이 거의 없다. 이는 심각한 문제다. 공부하지 않아서 낮은 점수를 받는 것과 좋아하는 주제를 찾지 못해 집중하지 못하는 것은 엄연히 다른데, 이를 무시하는 태도이기 때문이다.

자신만의 독특한 방식으로 실수하는 학생들은 자주 칭찬해 주어야 한다. 호기심이 많아서 나름의 시도를 하다가 예상치 못하게 실수했다면 시도 자체가 앞으로 성공의 길을 여는 데 얼마나 큰 도움이 되는지 알려주어야 한다. 그러면 학생들은 이전보다 비판을 잘 받아들이고 자신의 재능을 개발할 용기를 얻는다. 그리고 실수는 부끄러운 일이 아님을 깨닫는다.

나는 학생이 실수를 저질렀을 때 그의 개성을 긍정적으로 평가하는 태도가 얼마나 놀라운 영향을 미치는지 매일 확인한다. 수업 시간에 학생들이 실수하면 나는 다음과 같이 말하곤 한다.

"살면서 이렇게 재미있는 실수는 본 적이 없다."

그리고 학생들이 질문과 관계없는 답변을 내놓으면 흥미로운 답이라고 말한다. 이런 말을 들으면 학생들은 무척 즐거워한다. "그런 시도를 했다는 자체가 좋았어"라는 말 한마디면 충분하다. 학생들은 평가를 기분 좋게 받아들이고 실패를 창피하게 여기지 않는다.

하지만 프랑스 학교의 전형적인 수업 풍경은 완전히 다르다. 교사들은 수업 시간에 성적이 낮은 학생의 점수를 공개한다. 그리고 반 아이들 앞에서 답안의 무엇이 잘못되었는지 공개적으로 지적한다. 이때 학생들이 받는 메시지는 분명하다.

"성공하려면 한 가지 방법만 따라야 한다."

정답을 맞히는 단 하나의 방식만 옳다고 보는 관점이기에 실패는 생각할 가치조차 없다. 학생들이 비슷비슷한 삶을 살아가게 되는 이유다.

둘째, 자유를 철저히 제한한다

프랑스 학교는 한 반에 약 서른 명의 학생이 수업을 듣는다. 최근 소그룹 수업과 개인 수업도 생겼지만 일반적인 풍경은 아니다. 고등사범학교 준비반, 프랑스 최고의 경영대학원 HEC파리 준비반, 수학 영재반에서도 마흔 명 정도가 한 번에 수업을 듣는다.

하지만 미국, 영국, 심지어 독일도 그보다 훨씬 적

은 수의 학생이 한 반에서 수업을 듣는다. 학생 한 명과 교사의 관계가 더욱 가까운 것은 물론이다. 또 영국에는 정기적으로 '오늘의 게으름뱅이', '이번 주의 코미디', '가장 아름다운 커플' 등을 선정해 상을 주며 학생들이 성적뿐만 아니라 개성도 키울 수 있게 격려한다.

OECD 국가의 국제 학업성취도 평가보고서에 따르면 핀란드는 오랫동안 교육 분야 전반에서 가장 뛰어난 성과를 내고 있다. 계층별 성적도 비슷하고 학교 간의 격차도 적으며 무엇보다 학생들의 만족도가 높다. 한 반의 학생 수는 평균 아홉 명이고 교사는 개별 학생의 학습 속도에 맞춰 가르친다.

놀랍게도 핀란드의 아이들은 학교에서 아홉 살까지 글 읽기를 배운다. 그리고 처음 몇 년은 개인의 능력과 호기심을 일깨우는 교육을 받는다. 열한 살까지는 시험도 보지 않는다. 일곱 살부터 열세 살까지 듣고 싶은 과목을 여섯 개 이내로 골라 시간표를 융통성 있게 짤 수 있고, 열여섯 살부터는 시간표 전체를 자유롭게 짠다.

핀란드에는 강의 형식의 주입식 수업이 거의 없다. 프랑스 교사들이 정규 수업 내용을 지키고 정기적으로 모니터링을 받는 것과 달리 핀란드 교사들은 교육 방식을 자유롭게 정한다.

인구가 600만 명도 안 되는 이 작은 나라는 현재 세계의 혁신을 주도하며 세계에서 가장 많은 특허를 출원하고 있다. 재정의 차이라고 변명할 수도 없다. 핀란드도 프랑스와 비슷하게 GDP의 7퍼센트를 교육 예산에 지출하고 있기 때문이다. 핀란드 교육의 성공 비결에 대해 요엔수 피엘리스요키 중학교의 한누 나우마넨Hannu Naumanen 교장은 다음과 같이 요약한다.

"학생들을 평가할 때는 모르는 것보다 아는 것에 초점을 맞춰 긍정적으로 바라본다. 가장 중요한 건 학생들 스스로 무언가 잘하는 것이 있다고 느끼는 일이기 때문이다."

이 덕분에 학생들은 숙제를 완벽하게 하지 않아도 되고, 연습 문제의 정답을 맞히지 않아도 된다. 프랑스 교사들에게는 마치 학생들이 규칙을 무시하는 것처럼 보일 수 있다. 하지만 핀란드에서는 재능을 표현하는 가장 중요한 이정표야말로 '자유'라고 생각한다.

셋째, 약점을 부각한다

안타깝게도 프랑스에서는 학생들의 장점보다 약점에 초점을 맞추며, 부족한 점을 개선하는 데 많은 노력을 기울인다. 교사들은 여러 과목에서 좋은 성적을 받은 학생이어도 한 과목이 부족하면 그 점수를 강조한다. 나는 이 문제의 심각성을 깨닫기까지 오랜 시간이 걸렸다.

예를 들어 열네 살 학생이 그림이나 언어에 특별한 재능이 있지만 수학에 약하다면, 교사는 수학 실력을 높이는 방법에 초점을 맞춰 이야기한다. 미국이나 핀란드에서라면 반대로 이야기할 텐데 말이다. 프랑스 교육이 추구하는 이상은 '기준에 맞는' 모범생을 기르는 것이다. 어떤 과목에는 뛰어나지만 어떤 과목에는 약한 학생보다, 모든 과목에서 골고루 좋은 점수를 받는 학생을 선호한다는 뜻이다.

이 관점을 인생에 적용해 보자. 성공한 인생에는 무엇이 필요할까. 약점은 없어야 하는가, 아니면 장점이 있어야 하는가? 실수하지 않으면서 학교에서 배운 대로 모든 분야에서 골고루 좋은 성적을 받아야 하는가, 아니면 장단점을 모두 개성으로 활용해야 하는가?

이 질문의 답은 쥘리앵 그라크Julien Gracq에게서 얻을 수 있다. 그라크는 초현실주의의 영향을 받아 『시르트의 바닷가』, 『아르골 성에서Au Château d'Argol』 등의 걸작을 쓴 작가이자 평생 고등학교에서 교편을 잡은 역사 지리 교사로, 1951년 공쿠르상 수상을 거부해 화제가 된 인물이다. 그는 『음산한 미남Un beau ténébreux』에서 체스 선수의 승리 전략을 다음과 같이 설명한다.

"약점이 아니라 강점을 보강하라는 님조비치의 전략은 이제까지 본 것 중 가장 심오하고 보편적인 전략일지 모른다. 이는 체스뿐만 아니라 다른 모든 것에도 적용된다."

이처럼 학교가 기준에 맞는 모범생만 높이 평가하면 개성 있는 학생들은 결국 갑갑한 학교를 벗어나게 된다. 창업자의 22퍼센트가 바칼로레아 시험을 보기 전후에 공부를 중단한다는 보고서가 있을 정도다.

세계적인 디자이너 장폴 고티에 Jean-Paul Gaultier는 세상과 마주하는 전업 예술가가 되고 싶어 바칼로레아를 보기 전에 학교를 그만두고 피에르 카르댕 Pierre Cardin에게 스케치를 보내 좋은 인상을 남겼다. 셰프 알랭 뒤카스Alain Ducasse도 답답한 학교 교육을 견디지 못해 고등학교를 자퇴하고 프랑스 남부 도시 수스통의 고급 레스토랑에 수습생으로 들어갔다. 생 로랑의 모기업인 PPR 그룹을 설립한 프랑수아 피노François Pinault는 열여섯 살에 학교를 그만두었고, 장클로드 드코Jean-Claude Decaux는 대학에 가는 대신 열여덟 살에 도시 부동산 그룹을 설립했다. 모두 자신의 재능을 펼칠 기회를 잡기 위해 모범생이 되기를 거부한 사례다.

넷째, 평등한 기회를 주지 못한다

그런데 어쩌다가 이러한 교육제도가 만들어진 걸까. 역사적으로 프랑스 교육의 목적은 개성을 기르는 것이 아니라 모든 시민의 권리를 평등하게 실현시키는 데 있었다. 모두에게 같은 지식을 전달해 시민권을 똑같이 행사할 권리를 부여하는 것이다.

이러한 시스템을 만든 쥘 페리Jules Ferry, 페르디낭 뷔

송Ferdinand Buisson, 빅토르 쿠쟁Victor Cousin은 모두 칸트의 계몽주의에서 영향을 받았다. 칸트에 따르면 자유는 규칙과 법을 배워서 얻을 수 있고, 인간은 보편적이고 합리적인 생각의 틀 안에 존재한다고 봤기에 실수는 고쳐야 할 잘못된 행동으로 생각했다.

이러한 교육제도는 오랫동안 미덕으로 대우받았다. 노동자 자녀, 교사 자녀, 유명인 자녀가 모두 똑같은 교육을 받고 저소득층의 신분 상승도 가능했기 때문이다. 평등한 교육 혜택이 없었다면 부를 상속받지 못한 사람들은 재능을 계발하지 못했을 것이다. 그래서 프랑스의 시인이자 사상가인 샤를 페기Charles Péguy는 교사들을 '공화국의 기병'이라 불렀다. 페기의 소설에는 발령받은 지얼마 안 된 젊은 교사들이 지방 소도시의 역에 내리는장면이 나오는데, 마중 나온 경시청장은 이들을 환대하며 프랑스를 대표해 평등의 이름으로 감사를 표한다.

그런데 시대가 달라졌다. 요즘은 학생들의 성적이 경제 조건에 따라 결정된다. 고등교육기관인 그랑제콜은 기득권을 배출하는 학교가 되었다. 교사들이 선한 의도로 노력하고 있지만 프랑스의 교육은 위기에 놓여 있다. 더 이상 계층 간의 이동은 보장되지 않는다. 파리 북동부의 소도시에 사는 학생은 파리나 리옹에 사는 학생과 똑같은 교육을 받지 못한다. 50년 전만 해도 없었던 현상이다. 학교는 더 이상 평등한 곳이 아니다.

학교가 더 이상 학생들에게 평등한 교육을 할 수 없다면 개인의 재능, 창의성, 주도권을 키우는 방향으로 바뀌어야 하지 않을까? 규범만 강조할 수 없다면 대범한 학생을 격려하는 게 낫지 않을까? 달라지려면 시대의 변화를 읽고 새로운 시스템을 세워야 한다. 이때 기업가 정신으로부터 영감을 받을 수 있다. 그리고 이를 위해서는 '실용 지식'의 가치를 인정해야 한다. 하지만 프랑스의 문화는 아직 준비되어 있지 않다. 앞으로 지켜볼 일이다.

다섯째, 기업가의 세계를 모른다

교사들이 기업의 세계를 잘 몰라 기업의 현실을 왜곡한다는 것도 문제다. 수많은 경제 교과서는 여전히

'노동자를 착취하는 고용주'라는 낡은 시각을 그대로 담고 있다. 카를 마르크스Karl Marx의 날카로운 비판이 담긴 저서들에서도 나오지 않는 상투적인 표현이다. 또한 경제 교과서들은 기업가들의 대범한 모습을 소개하지 않는다. 미국과는 대조적이다. 프랑스인이 선호하는 인물 목록에 기업인은 한 명도 없다.

상황을 바꿔보려는 노력은 있었다. 가장 의미 있는 시도는 기업인이자 작가인 필립 아야트Philippe Hayat의 사례다. 그는 2007년 10만 경영인 협회를 설립해 중학교와 고등학교에 강연 자리를 마련했다. 이 협회는 10년도 채 안 되는 기간에 전체 중고등학생의 약 10퍼센트를 만났다.

필립 아야트는『미래를 손에 넣어라L'Avenir à portée de main』에서 기업인들이 어떻게 기업인이라는 낯선 직업을 설명했는지 들려준다. 그에 따르면 기업인은 무언가를 원하거나 아이디어가 떠오르거나 필요하다고 느끼면 자금을 마련해 위험은 줄이되 기회는 과감히 잡는 사람들이다.

아야트는 프랑스 중소기업의 수가 영국의 절반이고

독일의 3분의 1이라고 소개한다. 그러면서 프랑스에 중소기업의 수가 두 배만 늘어나도 대부분의 문제가 해결된다고 주장한다. 여기서 말하는 문제는 만성 실업, 공공기금 부족, 사회 보장 기관의 재정 파탄 등이다. 아야트의 이야기를 들은 학생들은 눈을 반짝이며 "초기 자금이 없으면 어떻게 해야 하나요?", "아이디어가 좋은지 어떻게 알 수 있나요?" 등 수많은 질문을 던지는데 그중 가장 많이 나온 질문은 다음과 같다.

"실패하면 어떡하죠?"

실패에 대한 두려움은 프랑스 청소년들의 발목을 잡고 있다.

여섯째, 실용 지식이 부족하다

프랑스 교육제도는 실용 지식을 제대로 활용하지 못하고 있다. 학교에서는 지식을 그 자체로만 가르치거나 단순히 평가를 위한 수단으로 활용한다. 국제 학업성취도 평가보고서에 따르면 프랑스 학생들은 졸업할 때 다양한 지식으로 무장하는데, 미국 학생들보다 아는 건 많을지 몰라도 그 지식이 지나치게 이론적이고 교과 과정 중심적이라는 단점이 있다.

지식은 삶에 변화를 일으킬 때 가치가 있다. 지식을 '도구'로 생각해야 하는 이유다. 프랑스의 르네상스 시대를 대표하는 철학자 미셸 몽테뉴Michel de Montaigne의 말처럼 "교육이란 물을 채우는 것이 아니라 불을 지피는 것이다." 학생들의 학습 능력을 높이고 공부에 관심을 갖게 하려면 현실에서 활용할 지식을 가르쳐야 한다. 이것이 시작이다.

이렇게 생각하는 교사는 많다. 역사 교사들은 현재를 잘 이해하려면 과거를 배워야 한다고 말하고, 철학 교사들은 자신을 표현하고 세상에 반항하는 이유를 논리적으로 대려면 철학을 배워야 한다고 말한다. 하지만 문제는 장학관이다. 이들은 프랑스가 변하지 않기를 바라는 듯 교사의 시도에 시비를 건다. 그러면서 교사가 학생의 눈높이에 맞추려고 하면 비난한다. 학생들과 친밀한 관계를 맺는 방법인데 말이다. 나 역시 어느 장학관에게 설교를 들은 적이 있다. 그는 나의 수업 방법을 비판하면서 거만한 표정으로 교육기관의 의미를 다음과 같이 설명했다.

"교육기관이란 모든 것이 변해도 변하지 않는 곳입니다. '지도 교사'란 모든 것이 무너질 때 학생들이 의지할 수 있는 존재입니다."

그의 말은 꽤 그럴듯하게 들린다. 하지만 세상은 큰 변화를 겪고 있는데 학교도 동참해야 하지 않을까.

지식을 활용하는 두 가지 방법

니체는 『반시대적 고찰』에서 '쓸모없는 지식'과 '소시민 계급의 사고방식'에 분노한다. 그는 소시민 계급을 가리켜 지식을 낡은 골동품 취급하는 사람들, 온종일 골동품의 먼지만 털어낼 뿐 아무것도 하지 않는 사람들이라며 비웃는다. 그리고 소시민 계급이 먼지로 숨을 쉴 수 없어 괴로워하는 장면으로 책을 끝맺는다. 니체는 우리에게 "내가 아는 것은 무엇인가?"가 아니라 "내가 아는 것을 가지고 무엇을 할 것인가?"라고 질문해야 한다고 일깨운다.

니체는 지식을 두 가지 방법으로 활용할 수 있다고 주장한다. 첫째, 지식을 가졌다는 사실에 안심하고 완벽한 실력을 만들어야 한다는 생각에 갇힌다. 이때 우리는 '두려움의 본능'에 굴복한다. 둘째, 지식을 활용해 더 넓은 물에서 놀며 '예술 본능'에 다가간다. 이때 지식은 우리가 과감히 행동하고 실존적으로 살아가도록 돕는다. 러디어드 키플링의 「만약에」는 니체의 지식에 관한 철학을 떠오르게 한다.

만일 네가 명상하고 관찰하고 알 수 있다면
어떤 일이 있어도 회의적인 인간이 되거나 파괴자가 되지 마라.
꿈을 꾼다면 그 꿈에 지배당하지 마라.
생각을 한다면 사색자로만 남지 마라.

이 시는 과감한 실존주의적 관점을 보여준다. 처음부터 지식을 뛰어넘어야 하는 대상으로 보고, 안전지대를 만드는 지식에서 벗어나라는 메시지를 전하기 때문이다.

바로 이 시에서 프랑스 교육제도의 개선 방향에 관해 결정적 아이디어를 얻을 수 있다. 모든 학교는 학생들이 마음속에 있는 두려움의 본능을 누르고 예술 본능을 깨울 수 있게 도와야 한다. 학생들에게 생각하는 법을 가르쳐주되 '사색자'로만 남지 않게 주의해야 한다.

질문하는 삶을 위해

이를 전 과목에 적용하려면 어떻게 해야 할까. 과목별 교과 과정을 축소해야 할까? 지식을 보는 니체의 관점을 빌리면 판단할 수 있다. 라틴어나 그리스어는 계속 가르쳐야 할까? 물론이다. 대신 조건이 있다. 고대 언어가 현대 프랑스어를 이해하는 데 얼마나 도움이 되는지에 초점을 맞춰야 한다. 교육과정 중 '직업 바칼로레아'는 취업에 꼭 필요한데도 그 가치를 제대로 평가받지 못하고 있는데, "너는 무엇을 알고 있나?"보다 "네가 아는 것으로 무엇을 할 것인가?"라고 묻는 세상이 오면 직업

교육도 제대로 대접받게 될 것이다.

고등학교 3학년 철학 수업은 지식이라는 도구를 자유롭고 창의적으로 다룰 수 있게 돕는다. 위대한 철학자들의 이론을 익혀 스스로 생각하는 방법을 가르치는 것이다. 철학은 사상의 역사가 아니라 자유롭게 생각하는 기쁨을 가르치는 과목이다. 데카르트는 자유를 가리켜 무언가를 선택하는 능력이라고 했고 스피노자는 그 반대라고 주장했는데, 이렇게 상반된 철학을 배우면서 학생들은 자신만의 생각을 만들어간다.

성공한 삶이란 질문하는 삶이다. 철학은 바로 질문하는 법을 알려준다. 학교에서 "철학은 꼭 알아야 할 지식이다"라고 강조하지만 않는다면 말이다. 자신의 방식대로 생각하고 질문할 수 있으면 이데올로기나 정체성의 위기에 처했을 때 스스로 방어할 수 있다. 그리고 용감하게 앞으로 나아갈 수 있다. 우리에게는 철학 교육이 더욱 필요하다.

승리는
패배와 같은 편이다

_조지프 러디어드 키플링

지금까지 우리는 지혜롭게 실패하는 태도에 대해 질문했다. 하지만 마무리를 잘하려면 제대로 성공하기 위한 태도도 중요하다. 물론 쉽지는 않다. 성공을 통해 자신에 대해 배우고 이를 바탕으로 무언가를 재창조하기란 그리 만만치 않기 때문이다.

성공도 실패와 마찬가지로 그 자체를 지나치게 자신과 동일시해서는 안 된다. 실패를 자신의 잘못처럼 바라보는 태도는 스스로를 불행하게 하고, 이미 지난 성공에 자신을 한정시키는 태도 또한 비극을 만든다.

'성공한 인생'에 대한 정의

성공을 연달아 거둔 사람들의 태도를 오래 관찰하면서 나는 많은 것을 배웠다. 클로드 오네스타Claude Onesta가 이끄는 프랑스 핸드볼 국가대표팀 '엑스페르 Experts('전문가'라는 뜻의 프랑스어—옮긴이)'는 그 어떤 핸드볼 팀도 이루지 못한 성공을 달성했다. 세계 챔피언십을 다섯 번 차지했고, 유럽 챔피언십을 세 번 석권했으며, 올림픽에서 금메달을 두 개나 획득했다. 2000년대 초에는 세계 타이틀을 아홉 차례 거머쥐었다.

오네스타의 성공 비결은 무엇일까? 실패를 대하는 방식으로 성공을 바라본다는 것이다. 이들은 성공을 이룬 뒤에도 계속 새로운 것을 탐구하고 질문한다. 그리고 절대로 하나의 이념 또는 자신이 만들어낸 하나의 이미지 안에 갇히지 않는다.

이들은 성공하는 순간을 즐겨도 본질은 성공 안에 있지 않음을 안다. 또한 성공의 결과가 주는 무게도 알고 있다. 그렇다면 어떻게 모든 상황에서 본능적으로 냉철한 사고를 유지할 수 있을까? 성공한 인생이란 무언가를 찾아 움직이는 인생이라고 생각한 것은 아닐까? 러디어드 키플링의 시 「만약에」에서 힌트를 얻을 수 있다.

> 만일 네가 패배 다음에 승리를 만날 수 있다면
> 그리고 이 두 거짓말쟁이가 같은 편임을 받아들인다면
> 만일 모든 사람이 용기와 이성을 잃어도
> 너는 용기와 이성을 간직할 수 있다면

여기서 '두 거짓말쟁이'는 승리와 패배를 가리킨다. 승리든 패배든 우리를 그 이름으로 정의 내리며 옭아매기 때문이다. 패배는 우리가 패배자라고 믿게 하려고 거짓말을 한다. 성공은 성공한 이미지를 우리의 모습으로 착각하게 하려고 거짓말을 한다.

성공에 취해 있는 상황에서 어떻게 "이성을 간직할" 수 있을까? 가장 큰 성공은 인간답고 고귀한 삶이다. 이

점을 기억해야 한다. 키플링의 시에서 마지막 구절에 담긴 메시지이기도 하다.

> 그리고 세상의 왕들과 영광보다 가치가 있는 너
> 그런 너는 어른이 될 것이다, 나의 아들.

항상 더 앞서 나가는 사람들

어느 날 텔레비전에서 오네스타 감독이 기자들과 인터뷰하는 모습을 봤다. 팀이 큰 승리를 거두었고 기록까지 경신하는 쾌거를 이룬 상황이라 경기장은 환희와 흥분의 도가니였다. 그런데 오네스타 혼자만 침착하고 심각한 표정을 하고 있었다. 심지어 그의 눈빛과 목소리에는 근심이 어려 있었다. 승리한 경기를 마치 패배한 경기처럼 신중하게 분석하는 모습이었다. 텔레비전의 볼륨을 낮추고 화면만 본다면 그는 영락없이 경기에 진 감독의 모습이었다.

나는 오네스타의 저서 『자유로운 자들의 세상Le règne

des affranchis』을 읽은 후에야 그가 보인 행동을 이해할 수 있었다. 그는 팀이 경기에서 승리할 때마다 어떻게 다시 승리할지 고민하고 있었던 것이다. 오네스타는 저서에서 같은 전략은 두 번 쓸 수 없다고 말한다. 특히 세계 챔피언은 경쟁 상대들로부터 경기 기술을 분석당하기 때문이다.

"역사적인 세 번의 승리와 화려한 수식어에는 관심 없다. 머릿속에는 단순한 동시에 복잡한 하나의 생각만 있다. '경쟁팀이 우리를 꺾으려고 기를 쓰는데, 어떻게 해야 우리가 다음에도 승리할 수 있을까?' 이런 생각을 하면 흥분된다."

오네스타의 말에는 훌륭한 교훈이 담겨 있다. 다른 사람들이 현재 통하는 성공 전략을 다음에도 반복하려고 할 때 그는 새로운 성공 전략을 계속 개발한다. 그에게 승리란 예상을 뛰어넘어 이기는 것, 항상 더 앞서 나가는 것이다.

"만일 경기 스타일이 변하지 않는 원칙과 구도에 갇혀버리면 죽은 것이나 다름없다. 우리 국가대표팀을 예로 들어 보자. 우리 팀은 공격에 필요한 열다섯 개 정도의 연결 동작을 전략으로 가지고 있다. 그래서 회의 때 선수들의 이야기를 들으면서 이 중에 몇 가지 전략을 차례대로 제안한다. 이렇게 하면 선수들도 안심한다. 그런데 이는 칠판을 들고 작전회의를 하는 코치들에게 어울리는 방법이다. 나는 다르다. 나는 시스템을 넘어 창의력을 보여준다. 그리고 훈련할 때는 어떤 의도를 가지고 연습하는가에 집중한다."

용기와 이성을 지키는 방법

이처럼 제대로 성공하려면 자기만족에 취하지 말고 더욱 깊고 진지한 단계인 창작자로서의 기쁨을 추구해야 한다. 그래야 성공을 계기로 계속 과감한 태도를 유지하며 "용기를 간직"할 수 있다. 아울러 성공에 따르는 새로운 책임감을 받아들일 수 있다.

프랑스 핸드볼 국가대표팀은 현재 '전문가들'을 의미하는 '엑스페르'라고 불리지만 이 이름은 여러 번 바뀌어 왔다. 맨 처음에는 '구릿빛 피부를 가진 사람들'이라는 뜻인 '브롱제Bronzés'라고 불렸다가 이후에는 '무모한 사람들'을 가리키는 '바르조Barjots'를 거쳐 '힘센 사람들'이라는 뜻의 '코스토Costauds'로 불리기도 했다. 이 이름들이야말로 프랑스 핸드볼 국가대표팀이 어떻게 성공을 거두었는지 보여준다. 타이틀 석권이 늘어날수록 성공한 팀이라는 이미지에 갇히거나 무감각해지는 현상을 경계한 것이다. 그래서 이들은 모든 일이 잘 풀릴 때 최대한 자주 모든 것을 바꾸려고 했다.

운동선수들의 이러한 태도에서 우리는 많은 것을 배울 수 있다. 앞서 살펴봤던 라파엘 나달도 마찬가지다. 2005년 나달이 열아홉 살의 나이로 롤랑 가로스에서 처음 우승했을 때, 그의 삼촌 토니는 탈의실에서 나달에게 이렇게 말한다.

"경기에서 이긴 선수들은 이곳 탈의실에서 첫 우승이 앞으로도 계속될 거라고 생각해. 하지만 그게 마지막 우승이 되곤 하지."

파리 테니스 경기장에서 화려한 실력을 뽐내며 우승한 젊은 선수 나달에게 삼촌이자 코치인 토니는 중요한 메시지를 전했다. 이번 승리가 마지막일 수도 있다는 메시지, 그리고 첫 승리를 다음 승리로 이어가는 것은 나 달에게 달려 있다는 이야기였다.

"다른 선수들이 용기와 이성을 잃어도 너는 용기와 이성을 지켜라."

다행히 나달은 삼촌 토니의 메시지를 제대로 이해했던 것 같다. 이후 나달은 롤랑 가로스에서 아홉 번이나 타이틀을 거머쥐었기 때문이다. 테니스 역사상 같은 경기에서 아홉 번이나 승리한 선수는 나달 외에는 아무도 없다.

사르트르와 카뮈의 공통점

"선택받은 사람은 신의 손가락에 의해 벽으로 밀려 옴짝달싹 못 하는 사람이다."

사르트르는 『악마와 선한 신 Le Diable et le bon Dieu』에서 이렇게 말한다. 성공에 갇혀 옴짝달싹 못 하거나 자유를 박탈당할 위험을 지적한 것이다. 그는 소설을 통해서도 벼락출세하는 바람에 사회가 기대하는 역할에 갇혀버리는 유명인들을 비웃곤 했다. 이들은 '성공한 자신'에 취해 서서히 죽어가는 존재로 묘사된다.

사르트르는 1964년 노벨상 수상을 거절했다. 자신의 존재가 노벨상으로 규정되는 것을 원치 않았고, 살아 있을 때나 죽은 뒤에나 '노벨상 작가'라는 딱지를 달고 싶지 않아서였다. 그는 스웨덴 왕립 아카데미와는 다른 입장에서 자신의 생각을 계속 자유롭게 표현하고 싶어 했다. 이미 '장 폴 사르트르'라는 고정된 작가의 이미지로 굳어지는 것을 경계한 전력이 있기에 노벨상은 더더욱 원치 않았다.

반면에 이보다 몇 년 전인 1957년 카뮈는 마흔네 살에 노벨상을 받았다. 카뮈도 사르트르처럼 노벨상 수상이라는 성공이 가져올 대가를 경계했다. 그러나 카뮈는 다르게 반응했다. 그는 노벨상 수상 소감을 통해 이 상은 자신의 것이 아니라고 선포했다.

"이 상을 나처럼 투쟁하는 모든 사람에게 바쳐야 한다는 생각에 상을 받습니다. 함께 투쟁했던 사람들은 그 어떤 혜택도 받지 못하고 불행을 겪고 박해받았습니다."

영광을 다른 사람에게 돌리며 성공에 갇히지 않으려

는 방법이었다. 카뮈는 노벨상을 받은 이후 창작에 더욱 몰두한다. 이른 나이에 스승인 앙드레 말로André Malraux를 제치고 노벨상을 받았다는 부담감 때문에 영감이 고갈될까 봐 작품 활동을 더욱 과감하게 펼친 것이다. 그는 성공을 부담스러운 짐이자 막중한 책임감으로 받아들였다. 노벨상 수상 이후 기자들이 소감을 물을 때마다 카뮈는 자신이 저서 집필에 얼마나 몰두하고 있는지 열심히 알렸다.

"진정한 예술가는 그 무엇도 무시하지 않습니다. 설불리 판단하지 않고 이해하려고 합니다. 진정한 예술가가 세상을 선택한다면 니체의 위대한 말처럼 재판관이 지배하는 세상이 아니라 예술가가 지배하는 세상을 선택할 것입니다."

카뮈는 알제리에서 보낸 유년 시절을 회상하는 『최초의 인간Le Premier Homme』 집필에 뛰어들면서 작업량과 창의력을 두 배로 늘렸다. 한편으로는 자전적 이야기가 담긴 야심작을 통해 자신에게 노벨상을 받을 자격이 있음을 증명하고 싶었던 것 같다. 전쟁의 소용돌이와 가족의 사랑이라는 어려운 문제를 다룬 이 소설은 지금까지도 카뮈의 걸작으로 꼽힌다.

성공할 때마다 마치 실패한 것처럼

클로드 오네스타와 토니 나달, 사르트르와 카뮈는 성공의 대가를 잘 알았고 승리의 손가락에 압도되어 "벽으로 밀려 옴짝달싹 못 하는" 상황을 어떻게 하면 피할지 알고 있었다. 성공한 뒤에 겸손을 유지하는 것이 얼마나 어려운지도 알고 있었다. 그래서 앞으로 무엇을 할지 스스로 질문하며 계속해서 나아갔다. 이처럼 위대한 사람들의 힘은 승리에 취하지 않고 끊임없이 질문을 하는 이성적 태도에서 나온다. 스티브 잡스는 그 유명한 2005년 스탠퍼드대학 연설을 다음 말로 끝맺었다.

"만족하지 마라Stay hungry. 어리석은 짓을 계속해라 Stay foolish!"

제대로 성공하기 위한 태도로 이보다 더 좋은 조언은 없다. "만족하지 마라"는 내면 깊은 곳에 있는 결핍을 간직하라는 뜻이다. 이 결핍은 욕망의 또 다른 이름이다. 그리고 "어리석은 짓을 계속해라"는 한 번 성공한 방법이 지식으로 저장되어 있다면 그 지식을 버리고 어리석어지는 게 낫다는 뜻이다. 그 이유는 시인 폴 발레리의 말에서 찾을 수 있다.

"아는 것이 없어야 행동한다."

영국 가수 데이비드 보위David Bowie는 굶주린 상태에서 항상 무엇인가를 추구하며 실패와 성공을 수없이 경험한 대표적인 인물이다. 2016년 1월 죽음을 맞이하기 이틀 전까지 스물여덟 번째 앨범인 〈블랙스타Blackstar〉를 발표해 완전히 새로운 음악 세계를 선보였다.

보위는 50년 이상 음악가로 살면서 다양한 장르와 정체성을 넘나들며 매번 새로운 얼굴을 보여주었다. 데이비드 로버트 존스David Robert Jones에서 시작해 데이비드 보위, 지기 스타더스트Ziggy Stardust로 변신했다. 댄디함과 양성적인 감성으로 〈렛츠 댄스Let's Dance〉를 부르다가 앞머리를 내린 남성적인 모습으로 〈배드 보이Bad Boy〉를 불렀고, 다시 창백한 귀족의 모습으로 〈스테이션 투 스테이션Station to Station〉을 부르다가, 서글픈 광대의 모습으로 〈재에서 재로Ashes to Ashes〉를 부르며 끝없이 변신했다.

젊은 시절 마임을 배운 보위는 〈지기 스타더스트〉로 글램 록을 선보이고 대중적이면서도 개성이 넘치는 팝 〈렛츠 댄스〉로 한층 더 큰 성공을 거두었다. 그는 성적인 매력과 난해한 패션을 내세워 자신의 이미지를 강렬하게 선보이는 것에 그치지 않고 새로운 시도를 했다. 관중으로 꽉 찬 세계 곳곳의 대형 공연장에서 〈차이나 걸China Girl〉, 〈렛츠 댄스〉, 〈모던 러브Modern Love〉를 불렀고 록 음악 〈틴 머신Tin Machine〉뿐만 아니라 테크노, 드럼, 베이스를 활용한 현대음악도 다루며 여러 장르를 개척했다. 보위는 매번 새로운 성공을 거두며 진정한 스타로 거듭났다.

음반 판매량 14억 장을 돌파한 보위는 어마어마한 성공을 이뤘지만 도전을 멈추지 않고 화가이자 제작자로도 활동했다. 친구이자 음악가인 이기 팝Iggy Pop, 루 리드Lou Reed 등의 음반을 제작해 성공을 거두었다. 보위는 클로드 오네스타처럼 성공할 때마다 마치 실패를 겪은 것처럼 자신을 새롭게 보여주고 싶어 했다. 죽을 때까지 '굶주려' 있던 것이다.

기술자 대신 예술가로 살기

데이비드 보위는 전형적인 성공 방식을 따라 하느라 우스꽝스럽게 보이는 다른 가수들과 확실히 달랐다. 〈퍼플 레인Purple Rain〉으로 유명한 팝가수 프린스Prince도 마찬가지다.

미니애폴리스 출신의 천재 가수 프린스는 대형 콘서트를 마친 뒤 평범한 클럽에서 '애프터 쇼after shows'라는 즉흥 쇼 공연을 즐겨 했다. 그 공연을 본 사람들은 입을 모아 이야기한다. 프린스가 공연을 끝내고 몰려오는 피로를 오히려 새로운 동력 삼아 자신이 원하는 대로 자유롭게 악기를 바꿔가며 신나게 연주한다는 것이다. 그리고 즉흥 쇼에서 히트곡을 연주해 달라는 요청을 받으면 다음과 같이 정중하게 거절했다.

"〈퍼플 레인〉을 들으러 오셨다면 번지수를 잘못 찾으셨습니다. 중요한 것은 이미 아는 곡을 듣는 것이 아닙니다. 새로운 곡을 발견하는 것이죠."

팝의 정상에 오른 프린스는 영광에 안주하지 않았고 관중도 이를 알아주었으면 했다. 안주하지 않는다는 표현은 진부하지만 그 안에는 고귀한 의미가 담겨 있다. 프린스는 언젠가 예술가로 살아가는 방법에 대해 다음 과 같이 고백한 적이 있다.

"우리는 언젠가 모두 죽는다. 그러나 죽음이 찾아오 기 전까지 나는 나의 삶을 춤출 것이다."

성공에 머물지 않은 덕분에 더 큰 성공을 이룬 사례 는 너무나 많다. 배우 리어나도 디캐프리오Leonardo Dicaprio 는 영화 〈길버트 그레이프〉에서 지적장애인을, 〈로미오 와 줄리엣〉에서는 로맨틱한 소년을, 〈더 울프 오브 월 스트리트〉에서는 광기 어린 증권 중개인을, 〈레버넌트〉 에서는 사냥꾼을 연기했다. 현존하는 프랑스 최고의 작 가로 꼽히는 에마뉘엘 카레르Emmanuel Carrère는 실존 인물 인 범죄자에게서 영감을 얻어 『적L'Adversaire』을 썼고, 기 독교에 대해 질문하는 감동적인 소설 『왕국Le Royaume』도 발표했다.

이들은 정기적으로 비슷한 작품을 내놓는 사람들과 달리 생동감이 넘친다. 기술자가 아니라 예술가로 작업 에 임하기 때문이다. 이들은 작품을 통해 힐링하는 재 미만이 아니라 인생의 교훈을 준다. 새로운 세계를 향해 나아가고 과감히 도전하며, 성공도 극복해야 할 대상임을 이성적으로 이해한다. 니체가 『차라투스트라는 이렇게 말했다』에서 언급한 힘이 넘치는 삶이다.

"알고 있는가? 나 자신은 항상 스스로 극복해야 하는 존재다."

실패함으로써 우리는 기쁨의 길에 들어선다

_클레망 로세

우리는 막연하게 실패와 기쁨이 서로 관련되어 있다고 느낀다. 실망하지 않으면 실존의 가장 깊은 곳에서 채워지는 기쁨을 느낄 수 없기 때문이다.

이러한 기쁨은 행복과 다르다. 행복이 실존적인 만족감을 계속해서 느끼는 상태라면, 기쁨은 순간적으로 솟구치는 감정이다. 행복이 평온한 상태라면, 기쁨은 더 거칠고 일시적이며 때로는 비합리적인 감정이다. 그래서 순간 기쁨에 휩싸일 때 "미치도록 기쁘다"라고 표현하지 않던가. 무언가를 전전긍긍하며 고민한다고 해서 행복은 오지 않지만, 환희의 순간은 맞이할 수 있다. 나는 실패와 연관된 이 기쁨을 '투쟁하는 자의 기쁨'이라고 부르는데, 이는 다섯 가지 형태를 띤다.

첫째, 위기 끝의 기쁨

위기 끝에 찾아오는 기쁨은 우리가 사는 동안 가장 보편적으로 느끼는 형태로, 실패와 환멸의 오랜 여정 끝에 마침내 성공할 때 느끼는 만족감이다. 이 기쁨은 특별하며, 뒤늦게 찾아온 승리를 음미하게 한다.

"이번 승리로 내게 찾아온 영광은 너무나 작습니다. 어떤 위험도 겪지 않고 이기는 것은 영광 없는 승리이기 때문입니다."

'프랑스 비극의 창립자'라고 불리는 피에르 코르네유Pierre Corneille의 희곡 『르 시드』에 등장하는 대사다. 고통 속에서 어렵게 일군 승리가 주는 기쁨은 "영광 없는 승리"로 쉽게 얻은 기쁨에 비할 수 없이 크다. 어렵게 쟁취한 성공일수록 그 대가를 크게 느끼기 때문이다.

테니스 선수 앤드리 애거시의 자서전 『오픈』의 가상 아름다운 장면에서도 우리는 이러한 기쁨을 이해할 수 있다. 애거시는 1999년 롤랑 가로스에서 승리했을 때 그랜드 슬램에서 거둔 그 어떤 승리보다 강렬한 기쁨을 맛보았다고 말한다. 오랫동안 이어진 우울증, 국제 남자 테니스 협회 ATP 하위권이라는 부진한 성적, 마약 중독 등으로 지옥 같던 나날을 보내다가 마침내 극복하고 얻은 승리였기 때문이다.

애거시는 '라스베이거스의 키드'라 불리며 1990년대 중반 세계 테니스계를 주름잡았다. 그러다 어느 한순간에 깊은 허무함을 느껴 슬럼프에 빠진다. 그는 언젠가 이런 날이 올 것임을 항상 예상했다고 말한다. 왜 테니스 선수가 되었는지 스스로 알 수 없었기 때문이다.

애거시는 어린 시절 테니스에 집착하던 아버지에게 떠밀려 테니스를 배우고, 아버지가 직접 만든 '공 던지는 기계'를 상대로 연습한다. 그 뒤에는 닉 볼레티에리 테니스 아카데미에 들어가 폭군 같은 아버지 대신 폭군 같은 코치 밑에서 훈련한다. 그렇게 애거시는 1995년 스물다섯 살의 나이에 세계 챔피언이 된다.

그가 자서전에 묘사한 당시 상황은 흥미롭다. 애거시는 어느 날 전화 한 통을 받는다. 국제 남자 테니스 협회에서 온 전화로, 그가 세계 1위에 올랐다는 기쁜 소식이었다. 하지만 애거시는 아무런 감흥도 느끼지 못한다. 그 대신 그저 멍하니 거리를 걷는다. 그러면서 자신이 테니스 선수가 된 건 스스로가 아니라 아버지가 원해서였다고 생각한다. 테니스가 자신의 어린 시절을 앗아갔고 테니스 때문에 책도 읽지 못했고 테니스 외에는 할 줄 아는 것도 없다고 불평한다. 그렇게 하염없이 걷다가 길가에 우뚝 멈춰 선다. 자신은 세계 최고의 테니스 선수지만 테니스를 증오하고 있음을 깨달은 것이다.

애거시는 이 무렵 배우이자 모델인 아내 브룩 실즈 Brooke Shields의 민낯까지 마주한다. 그는 자서전 『오픈』에서 그녀를 이기적이고 가식적인 사람으로 묘사한다. 집에 있는 것을 좋아한 애거시와 달리 실즈는 사교 파티를 좋아했기 때문에 두 사람은 결혼한 지 얼마 되지 않은 신혼부부였음에도 얼굴만 가끔 보며 지냈다. 애거시에게 중요한 경기가 있던 날에도 실즈는 새벽까지 친구들과 놀다가 왁자지껄 떠들며 집에 돌아오곤 했다. 실즈는 애거시의 경기에 전혀 관심이 없었다.

자신이 테니스를 증오한다는 사실을 깨닫고 한순간 삶의 낙을 잃어버린 애거시는 실즈와 이혼하며 의미 없는 결혼 생활을 끝내고 테니스 연습도 그만둔다. 그러면서 점점 나락으로 떨어진다. 살이 쪘고 마약을 했으며 거의 모든 테니스 경기에서 패배해 세계 남자 테니스 선수 순위권에서 300위까지 추락한다. 심지어 알아볼 수 없을 만큼 변해버린 애거시는 약물 테스트에서 양성 판정을 받아 정상적으로 거머쥔 타이틀마저 취소될 위기에 처한다.

그러던 중 그는 친한 친구 질의 딸이 교통사고를 당했다는 소식을 듣는다. 생사를 헤매고 있다는 소식에 충격을 받은 애거시는 약에 취한 와중에도 밤에 차를 몰고 병원으로 향한다. 그리고 병원 복도에서 파랗게 질린 얼굴로 서 있는 질을 마주한다. 그런데 그 순간, 애거시는 갑자기 사랑의 감정에 휩싸인다. 친구에 대해, 친구의 딸에 대해, 존재 그 자체에 대해 사랑을 느낀 것이다. 일

종의 계시였다. 그는 인생을 사는 이유가 사랑에 있다고 생각했다. 소중한 사람들에게 사랑을 전하는 것이야말로 삶의 이유임을 깨달은 것이다. 다행히 질의 딸은 살아났고, 그와 동시에 애거시도 다시 태어났다.

애거시는 다시 테니스를 시작하기로 결심한다. 이번에는 왜 테니스를 하는지 알고 있었다. 그는 어린 시절 교육을 제대로 받지 못해 괴로웠기에 소외 계층의 아이들을 위한 재단을 설립하기로 결심했고, 재단 설립에 필요한 자금을 마련하기 위해 다시 세계 1위가 되어야 했다. 테니스로 재단 설립에 성공한다면 테니스를 사랑할 수 있을 것 같았다.

그러나 갈 길이 멀었다. 그동안 살이 쪄서 날렵하게 움직일 수 없던 애거시는 기초 훈련부터 다시 시작한다. 그리고 순위권에 진입하기 위해 '챌린저' 토너먼트에 참가해 열다섯 명 정도의 관중 앞에서 경기한다.

한때 세계 1위였던 선수가 퇴보한 모습으로 다시 나타나자 그를 질투했던 수많은 사람이 비웃었다. 하지만 애거시가 '예언자'라고 불렸던 브래드 길버트Brad Gillbert는 유일하게 그의 재기를 믿고 코치를 맡아주었다. 애거시는 조금씩 실력을 회복하면서 감각을 되찾았고 근육 훈련과 조깅을 계속한 결과 몸도 다시 날씬해졌다. 생각보다 훨씬 힘들었지만 그럴수록 더 열심히 매달렸다.

애거시는 이제 더 이상 아버지의 꿈을 대신 좇지 않았고 닉 볼레티에리 테니스 아카데미의 이익 때문에 뛰지도 않았다. 자신이 세운 목표를 향해 달릴 뿐이었다. 애거시에게는 좋은 일을 하고 싶다는 목표가 있었다. 그리고 첫눈에 반한 테니스 선수 슈테피 그라프Steffi Graf의 마음을 얻기 위해서도 더 노력했다. 그녀는 임자 있는 몸이었지만 애거시에게는 중요하지 않았다. 그는 목표를 이루기 위한 긴 여정을 나섰다.

애거시는 1999년 작은 대회에서 우승하고 몇몇 경기에서 어렵게 승리한다. 그리고 마침내 롤랑 가로스 결승전에 출전해 안드레이 메드베데프Andrei Medvedev와 겨루고 우승한다. 애거시는 자서전에서 이 순간을 다음과 같이 묘사한다.

"나는 두 팔을 들어 라켓을 바닥에 던졌다. 얼굴은 눈물로 범벅이 되었다. 두 손으로 얼굴을 감쌌다. 너무나도 행복한 감정이 솟구쳐 오히려 겁이 났다. 이기는 것이 이토록 기분 좋은 일일 리가 없었다. 승리가 이렇게 중요한 일인 줄은 생각도 못 했다. 이번 경우가 그랬다. 내가 할 수 있는 것은 없었다. 주체할 수 없는 기쁨과 브래드와 질, 파리에 고마운 마음이 솟구쳤다. 심지어 브룩과 닉에게 고마운 마음도 흘러넘쳤다. 닉이 없었다면 나는 여기까지 오지 못했을 것이다. 브룩과 함께 좋은 시절과 최악의 시절을 같이 겪지 않았다면, 그동안 고통을 느끼지 못했다면 이번 승리는 불가능했을 것이다. 나 자신에게도 어느 정도 고마움을 느낀다. 좋든 싫든 내가 했던 모든 선택 덕분에 여기까지 왔다."

애거시는 위기에서 빠져나왔기에 큰 기쁨을 느꼈다. 쉽게 얻은 승리라면 이토록 강렬한 기쁨을 느끼지 못했을 것이다. 비현실적인 성공에는 금세 미끄러지고 말기 때문이다. 1999년 6월 롤랑 가로스에서 애거시가 느낀 강렬한 기쁨은 그가 느낀 모든 고통, 그의 과거, 그의 흥망성쇠, 좋든 싫든 그가 내린 모든 선택이 있었기에 가능했다.

애거시는 롤랑 가로스에서 승리하면서 성공적으로 재기했다. 그리고 오랫동안 정상의 자리를 지켰다. 애거시는 다시 세계 1위의 선수가 되었고(서른세 살이라는 적지 않은 나이에 정상에 오른 선수는 애거시밖에 없다) 상금으로 앤드리 애거시 재단을 설립했다.

"사방에 입맞춤을 보내며 테니스 코트를 떠났다. 내가 느끼는 감사한 마음과 온갖 감정을 가장 진지하게 표현한 행동이다. 이제 나는 승패와 관계없이 이렇게 행동하겠다고 맹세했다. 테니스 코트를 떠날 때마다 사방에 입맞춤을 보낼 것이다."

둘째, 살아가는 기쁨

승리의 기쁨을 만끽하며 친구들과 파티를 즐긴 날, 애거시는 자서전에 다음과 같이 썼다.

"브래드와 함께 호텔로 돌아가려고 길을 나섰을 때 해가 뜨고 있었다. 브래드가 어깨동무를 하며 말했다. '여행이 정해진 계획대로 잘 끝났어.' '무슨 소리야?' 내 말에 브래드가 답했다. '평소에 인생은 잘못 끝낼 때가 많아. 하지만 이번에는 그렇지 않아.' 나도 팔로 브래드를 감쌌다. 브래드는 예언자였지만 이 순간 미처 이해하지 못한 것이 있었다. 여행은 이제부터 시작이었다."

애거시는 실패를 통해 위기 끝의 기쁨을 느낀 뒤에 '살아가는 기쁨'을 깨달았다. 폭풍 후의 평화가 주는 소중함을 알아차린 것이다. 투쟁하는 사람들이 가장 평범하고 일상적인 부분에서 기쁨을 느끼게 되는 이유다. 철학자 클레망 로세Clément Rosset도 『불가항력 La Force majeure』에서 다음과 같이 말한다.

"살아가는 기쁨만큼 진정한 기쁨은 없다."

바르바라 역시 앞서 살펴본 것처럼 가수로 데뷔하기까지 오랫동안 고된 시기를 겪었음에도 일상적으로 농담을 나누며 소소한 삶의 기쁨을 즐겼다. 함께 작업했던 음악가들은 그녀의 유머 감각과 소박함에 자주 놀랐는데, 힘든 시절을 보내 근엄한 사람일 것이라는 상상과 달리 쾌활했기 때문이다. 순회공연을 하면서도, 이동하는 차 안에서도 그녀는 작은 일에 쉽게 웃었다. 바르바라에게 삶의 기쁨은 어떤 조건, 보상, 수입에 따라 달라지는 것이 아니었다.

"가을빛으로 물든 고사리 숲 한가운데를 걷는 것이

승리다. 옆에서 환호하는 소리가 들리지 않는가."

루마니아 출신의 철학자 에밀 시오랑Emil Cioran의 탁월한 묘사다. 세상 한가운데에서 살아 있음을 느끼며 자연의 아름다움에 감탄하는 것만큼 더 큰 승리가 있을까.

셋째, 시련 속의 기쁨

인간은 재기하는 데 쏟을 힘도 없고 그 방편을 찾아내기도 힘든 상황에서도, 버티기조차 어려운 시련 한가운데서도 기쁨을 느낀다. 바로 이 '시련 속의 기쁨'은 투쟁하는 사람이 느끼는 가장 순수한 형태의 기쁨이다. 위협 앞에서 기뻐한다는 게 이상해 보일 수도 있다. 그러나 이때의 기쁨이야말로 가장 강력하다. 덕분에 존재의 탐욕, 세상의 폭력에 대항하는 힘이 생기기 때문이다.

시련 속의 기쁨을 이해하면 기쁨과 행복의 차이를 알 수 있다. 행복은 인생에 먹구름이 드리워졌을 때 더 커지지 않는다. 오히려 그 반대다. 하지만 기쁨은 위기가 오면 더 강해진다.

윈스턴 처칠은 "성공이란 열정을 잃지 않고 실패를 거듭하는 것"이라고 말했다. 여기서 처칠이 말한 '열정'을 통해서도 우리는 시련 속의 기쁨을 이해할 수 있다. 마찬가지로 샤를 드골은 온 세상으로부터 무시당하면서 1940년 런던으로 향할 때 마음속에서 기쁨이 솟구쳐 오르는 것을 느꼈고, 에디슨은 전구 실험으로 수많은 밤을 지새우며 기쁨을 느꼈다. 바닥에 넘어지면서도 다시 일어날 기회를 생각하는 유도선수도, 펀치를 맞으면서도 오른팔을 뻗어 공격하는 권투선수도 마찬가지다. 다시 나아가고 싶다는 생각이 낙담하는 마음을 이길 때 기쁨이 찾아온다.

넷째, 발전하는 기쁨

시련 속의 기쁨 뒤에는 '발전하는 기쁨'이 따라온다. 가장 지속적으로 나를 일으켜 세우는 기쁨이다. 여기에는 아리스토텔레스가 말한 "자신의 힘을 펼치기 위해 기회를 잡는 기쁨"도 함께한다. 고대 철학자들은 '발전

하는'이라는 뜻의 라틴어 'progrediens'로 인간을 설명
했다. 그들에 따르면 인간은 완벽하지는 못해도 매일 조
금씩 앞으로 나가는 존재다. 신보가 삶의 복석이라는 것
이다.

이렇듯 인간은 현실을 이겨내는 힘으로 발전해 왔
다. 레오나르도 다빈치는 작품을 완성하는 데 수년이 걸
렸다. 유작이 된 〈성 안나와 함께 있는 성모 마리아와
아기 예수〉의 작업 기간은 15년이었다. 걸작을 그리기
위해 수년에 걸쳐 작업하는 다빈치를 상상해 보자. 다빈
치는 여러 번 고치며 덧칠한다. 제자들 앞에서도 고민하
거나 망설이고 반쯤 포기했다가 다시 강렬한 영감에 사
로잡혀 작업을 이어간다. 그러면서 발전하는 기쁨을 느
낀다. 행복과는 다른 감정이다. 만약 다빈치가 포기하는
데 두려움을 느끼지 않았다면 발전하는 기쁨도 크게 느
끼지 못했을 것이다. 이러한 감정에 관해 스피노자는 다
음과 같이 통찰한다.

"기쁨은 작은 완벽에서 큰 완벽으로 넘어갈 때 느끼
는 감정이다."

어떻게 우리가 실패의 한가운데에서 계속 투쟁할 힘

을 얻는지 알 수 있는 대목이다. 실패를 통해 세상을 더욱 잘 이해하고 재능을 키우며 성장하는 것이다.

『해리 포터』 시리즈의 작가 J. K. 롤링Joan K. Rowling은 돈도, 집도 없이 실패로 낙담하던 시절에 원고 더미 위에서 잠을 자곤 했는데, 우리가 지금까지 살펴본 여러 기쁨을 떠올려 보면 이 시기를 어떻게 견뎠는지 짐작할 수 있다. 롤링은 시련 속의 기쁨과 발전하는 기쁨을 느낀 것이다. 그녀가 빨간색 나무로 장식된 선술집에서 고개를 파묻고 원고를 쓰는 장면을 떠올려 보자. 스토리를 구상하고 인물들을 창작하는 과정에서 그들이 일관성 있게 변화하며 하나의 세계를 만들어갈 때 롤링은 시련을 견딜 기쁨을 느꼈을 것이다. 그러면서 마음의 상처를 치료해 갔을 것이다.

다섯째, 신비한 기쁨

극단적이고 비이성적인 '신비한 기쁨'도 있다. 모든 것을 받아들이며 느끼는 기쁨이다. 이 단계에 이르면 투쟁하는 사람은 더 이상 싸우지 않는다. 더 이상 투지에 불타지 않고 모든 현실을 있는 그대로 받아들인다.

스토아 철학자와 초기 기독교인, 유명한 신비주의자 대부분은 궁핍과 포기를 통해 진정한 기쁨을 느낀다고 생각했다. 우리에게 피상적인 행복을 주는 작은 성공, 사회적 인정, 권력을 버리면 비로소 본질에 다가갈 수 있기 때문이다. 스토아학파는 이를 '우주적 에너지'라고 불렀고 기독교인은 '신'이라고 불렀으며 신비주의자들은 따로 이름 붙이지 않았다.

아무리 단단한 사람이라도 시련이 계속되면 모든 것을 포기해 버리고 싶은 순간이 찾아온다. 그런데 아이러니하게도 이 과정에서 삶의 본질을 만나곤 한다. 이렇게 가장 극단적인 실패는 가장 완벽한 기쁨과 만난다. 클레망 로세는 『불가항력』에서 이러한 상태를 다음과 같이 설명한다.

"이 역설적인 기쁨을 놀랍도록 잘 보여주는 예는 프랑스 역사가 쥘 미슐레Jules Michelet가 유년 시절을 회상하는 장면에서 발견할 수 있다. '생각해 보니 그때는 현재를 즐길 수 없고 미래가 불안하고 적이 바로 옆에서 있어서(1814년), 적들이 매일 나를 놀려대는 것 같아서 너무나 불행했다. 어느 목요일 아침이었다. 그날도 모든 일에 희망이 없다고 생각했다. 불도 피울 수 없었고(바깥은 온통 눈으로 덮여 있었다), 저녁에 먹을 빵이 있는지도 알수 없었다. 그런데 문득 종교적 희망, 스토아학파의 순수한 정신이 뒤섞인 것 같은 감정을 느꼈다. 참나무 책상(여전히 갖고 있었다)을 꽁꽁 얼어붙은 손으로 쳤다. 그 순간, 유년 시절이 떠오르고 희망이 보이면서 생생한 기쁨이 느껴졌다."

이는 이성으로 설명할 수 없는 기쁨이다. 상황이 가장 안 좋을 때, 기뻐해야 할 이유가 하나도 없을 때 기쁨의 본질을 가장 잘 이해하게 되는 것이다. 어쩌면 비현실적인 관점으로 보일 수도 있다. 하지만 참나무를 손으로 치는 미슐레의 모습은 현실과 직접 마주해야 느낄 수 있는 기쁨의 정체를 상징적으로 잘 보여준다. 이와 같은 기쁨을 느끼려면 현실을 인정하고 무엇이든지 좋아하는 것을 찾아야 한다. 예를 들어 사랑하는 사람의 몸, 두 뺨을 따뜻하게 감싸는 햇빛, 운동으로 단단해지는 근육 등 좋아하는 것이 있으면 극한에서도 기쁨을 느낄 수 있다.

신비한 기쁨의 본질은 다시 현실이다. 이 현실은 누군가에게는 우주의 에너지로, 또 다른 누군가에게는 신의 사랑이나 생의 힘으로 표현된다.

삶을 다시 일으키는 힘

"기쁨은 항상 현실과 싸운다. 반면에 슬픔은 비현실과 끝없이 싸운다. 비현실과 싸우는 것이 불행이다."

클레망 로세의 통찰이다. 이처럼 투쟁하는 자는 기쁨을 느끼는 순간 현실과 마주한다. 고생 끝에 승리를 가져다주는 현실(위기 끝의 기쁨), 삶을 일깨우는 현실(살아가는 기쁨), 시련을 마주해야 하는 현실(시련 속의 기쁨), 진보를 이루는 현실(발전하는 기쁨), 현실을 받아들이는 현실(신비한 기쁨)과 마주하는 것이다.

이처럼 기쁨과 실패는 철학적으로 서로 연결되어 있다. 모두 현실을 경험하는 과정이기 때문이다. 왜 실패가 슬픔과 동의어가 아닌지 이해된다. 실패를 통해 우리는 삶을 다시 일으키고 기쁨의 길로 들어선다.

모든 실패한 행위에는
메시지가 숨어 있다

_자크 라캉

인생의 시련을 바라보는 두 가지 관점이 있다. 첫째는 사르트르의 관점으로, 시련을 재기의 기회로 보는 것이다. 이때 실패는 나를 새로운 모습으로 바꾸거나 주변을 살피게 만들기에 실존주의적이다.

둘째는 라캉의 관점으로, 시련을 무의식적 욕망을 깨우는 행동으로 보는 것이다. 내가 누구인지, 마음속 깊은 곳의 욕망이 무엇인지 질문하며 진정한 자신과 만나도록 이끌기에 정신분석적이다. 실패를 바라보는 사르트르와 라캉의 두 관점은 언제나 미묘하게 대립한다.

가능성이냐, 본질이냐

사르트르는 자신의 본질이나 욕망에 관한 질문은 피해야 한다고 생각했다. 이유는 단순하다. 이런 질문을 하면 자아가 억압되기 때문이다. '나는 본질적인 존재가 아니다'라고 생각해야 재기의 가능성을 무한히 만들 수 있다. 사르트르는 죽음을 맞이하는 날에 내가 '되기' 시작한다고 말한다. 시체가 되는 순간에야 본질이 된다는 뜻이다. 그러므로 지금 여기에는 무한한 가능성이 열려 있다.

반대로 프로이트의 계보를 이은 라캉은 무의식의 욕망이 나의 본질을 이룬다고 생각했다. 이 욕망은 나의 내면에 운명처럼 존재한다. 가족과의 관계에서 만들어진 욕망이 중심축이 되고 이를 근거로 모든 행동이 이루어진다는 것이다. 따라서 무한정 새롭게 변화하는 것은 불가능하다. 삶을 감당하려면 나의 욕망에 다가가야 한다. 무의식의 욕망을 거스르면 실패를 반복하거나 우울증에 빠질 수 있다.

사르트르와 라캉의 논쟁은 오늘날까지 이어지고 있다. 사르트르를 잇는 행동심리학자들은 수개월에서 수년 동안 상담용 소파에 누워 상담을 받아 봤자 시련을 극복하는 데는 큰 효과가 없다고 생각한다. 재기하기 위한 여러 방법을 말하고 성공적 미래를 계획하는 치료 방식은 아무 소용이 없고 시간만 끌 뿐이라는 것이다. 반대로 라캉 학파는 행동심리학자들이 무의식을 부정하기 때문에 문제의 원인을 해결하지도 못하고 실패를 반복하도록 내버려둔다고 비판한다. 그러면서 환자가 스스로 솔직해지도록 만들려면 어느 정도 시간이 걸린다고 말한다.

대립을 초월하는 한 가지 태도

두 가지 관점이 대립하는 상황에서 우리가 선택할

수 있는 태도는 세 가지다. 첫째, 하나의 관점을 정해서 믿는 것이다. 사르트르의 완전한 자유를 따르거나 라캉의 무의식 결정론을 믿는다.

둘째, 나이와 인생의 주기에 따라 선택을 바꾸는 것이다. 스무 살에는 사르트르의 실존주의에 푹 빠져보는 것이 좋다. 젊을 때 경험하는 실패는 앞으로 나아가는 원동력과 새로운 길을 탐험할 기회가 되기 때문이다. 상담용 소파에 누워 자신의 욕망이 무엇인지 묻는 건 중년으로 미루자. 자신의 인생을 돌아보고 싶을 때 '나는 무엇이 되고 싶은가', '선택하지 않은 길에서 무엇을 얻을 것인가' 하고 질문해도 늦지 않다.

고등학생들에게 라캉의 관점을 들려주면 눈을 크게 뜬다. 처음 듣는 이야기이기 때문이다. 하지만 무의식의 욕망이 자신의 본질을 정하는 데 결정적인 역할을 한다고 설명하면 그저 어리둥절해한다. 대신 가능성은 무한하고 온전한 자유는 두려움과 책임감을 부여한다는 사르트르의 관점을 들려주면 큰 관심을 보인다. 반대로 기업에서 성인을 대상으로 강연할 때는 이루지 못한 욕망, 자신에게 솔직하지 못한 문제 등 라캉의 관점에 더 관심을 보인다. 이들은 사르트르가 말한 완전한 자유가 현실과 얼마나 동떨어져 있는지 경험으로 알기 때문이다.

물론 두 관점의 대립을 초월하는 매혹적인 선택을 할 수도 있다. 셋째, 욕망에 충실하되 계속해서 자신을 재발견하는 것이다. 재기를 통해 자신의 본질에 다가가는 태도로, 니체가 말한 "너 자신이 되어라"와 일치한다. 실패를 딛고 일어나되 나에게 정말 소중한 것, 나를 특별하게 만드는 욕구를 배신하지 말라는 것이다. 라캉은 '정신분석학의 윤리'라는 세미나를 마치며 다음과 같이 말했다.

"적어도 분석적인 관점에서 보면, 인간은 자신의 욕망에 굴복할 때만 죄책감을 느낍니다."

이때 욕망은 본질이나 운명으로 볼 수 있다. 또는 한 사람의 역사, 어린 시절을 보낸 방식, 반사회적인 충동 억제, 가부장적 사회에서 자신의 자리, 부모의 역할이 마음속에 남긴 결과로 이해할 수도 있다.

성인이 되어 자신에게 가장 중요한 욕망을 하나 발견했다고 해보자. 그렇다고 해서 우리의 존재가 한 가지로 규정되지는 않는다. 자신이 '어디에 있는 누구'인지 알아가는 과정일 뿐이다. 우리는 조상으로부터 역사를 물려받은 상속자이지 '아무 데에 있는 아무나'가 아니다. 이를 인정하면 계속해서 스스로 원하는 모습이 될 수 있다. 욕망에 굴복하지 않고도, 물려받은 것을 배신하지 않고도 말이다.

중심을 세우면 자유로워진다

그런데 한 가지 어려운 점이 있다. 내가 선택하지 않은 요소가 나의 욕구를 정한다는 현실을 받아들여야 한다는 것이다. 자유의지와 주체 의식을 교육받으며 자란 서양인은 이러한 생각에 저항한다.

하지만 이상과 현실은 다르다. 나의 현재 모습은 어린 시절 경험이 쌓인 결과물이다. 나아가 나는 여러 세대를 관통하는 역사와도 연결되어 있다. 그런데 왜 역사 때문에 자신을 발견하지 못하거나 근본적 희망을 찾지 못한다고 생각할까? 유산을 물려받았다고 해서 운명 안에 갇히는 건 아닌데 말이다.

니체가 언급했듯이 위대한 주창자들은 자신을 지난 과거의 상속자로 온전히 인정한다. 반면 이를 인정하지 못한 사람들은 자신의 진정한 모습을 숨기는 데 에너지를 낭비하느라 자기 자신이 되는 길에서 멀어진다. 일단 우리는 자신이 어디에서 왔고 무엇을 물려받았는지 알아야 한다. 이는 나를 잡아주는 중심축이다. 중심을 세우면 주변에서 자유롭게 춤출 수 있다. 그리고 자신의 힘으로 바꿀 수 없는 것은 그대로 받아들인다. 이후에 새롭게 변할지 말지는 자신에게 달려 있다.

일부 정신 치료사들이 주장하는 것과 달리 재기의 가능성은 무한하지 않다. 하지만 자신에게 중요한 부분이 무엇인지 알고 그곳에 충실하면 재기할 가능성은 커진다. 앞서 살펴보았던 샤를 드골, 바르바라, 리처드 브랜슨, 데이비드 보위의 예를 생각해 보자. 이들은 언제나 자신이 추구하는 바에 항상 충실했으며 중심을 잃지 않고 변화했기에 성공에 이르렀다.

데이비드 보위는 얼굴, 페르소나, 장르를 바꾸며 끝없이 변화했다. 하지만 보위는 자신의 존재에 충실했다. 그에게 중요한 것은 자신의 정체성도, 실체도, 개인적인 계획과 결핍도 아니었다. 바로 자신의 별이었다. 우리는 그런 보위의 모습을 사랑했다.

자신이 진정 무엇을 원하는지 알면 자유로워진다. 자신이 무엇을 추구하는지, 어떤 욕망에 굴복하면 안 되는지 알면 자유가 보장된다. 현실적으로 모든 것이 가능하지는 않기에 자유에도 한계는 있지만, 욕망에 충실하며 중심축을 잘 지킬수록 누릴 수 있는 자유는 늘어난다. 자유는 언제나 우리에게 열려 있다.

인생이라는
전리품을 찾아서

'실패 échec'라는 말은 '왕이 죽었다 al cheikh mat'라는 뜻의 아랍어에서 온 것으로 보인다(이 표현에서 '체크 메이트 échec et mat'라는 말이 나왔다). 하지만 나는 이와 반대되는 메시지를 전하고 싶어서 이 책을 썼다. 실패해도 우리 내면의 왕은 죽지 않는다. 오히려 힘을 깨닫고 강해진다. 실제 전투에서도 왕은 위기에서 자신의 진가를 제대로 보여주며 위대해진다.

실패는 분명 유쾌하지 않다. 하지만 실패를 경험해야 새로운 창이 열리고, 현실을 마주하고, 가능성을 온전히 펼치고, 마음속 깊이 숨어 있던 욕망에 다가갈 수 있다. 상처 입은 왕이여, 만세!

실패의 어원이 아랍어라는 설에 대해서는 반박도 있다. '왕이 놀랐다shat mat'라는 뜻의 페르시아어에서 나왔다는 것이다. 실제로 우리는 시련을 겪으며 수없이 놀란다. 재기할 능력이 있다는 사실에 놀라고, 타인과 자신에게 더 깊이 다가갈 힘이 있다는 사실에 놀란다. 그리고 새로운 세상을 보며 놀라기도 한다. 삶의 기쁨이 얼마나 강한지, 세상이 얼마나 경이로운지 알게 된다.

그런데 어쩌면, 실패는 '전리품eschec'을 뜻하는 옛 프랑스어에서 온 말일지도 모른다. 11세기에 등장한 이 단어는 '적군에게서 빼앗은 물건' 또는 '식물학자가 수집한 결과물'을 가리킨다. 어느 쪽이든 승리의 증표인 셈이다. 그래서 나는 전리품이 실패의 어원이라는 설을 믿고 싶다.

실패는 전리품이다. 전리품은 진짜 보물이 되기도 하는데, 보물을 발견하려면 위험을 무릅쓰더라도 과감하게 나아가야 한다. 그리고 그 가치를 제대로 평가하려면 실패한 경험을 사람들과 나눌 수 있어야 한다. 그 과정을 담담하게 겪으며 스스로를 다시 일으킬 때 우리는 살아가는 기쁨을 회복할 수 있다.

우리의 인생에서 실패는 앞으로도 계속될 것이다. 그러니 시련에 부딪혀 상처 입었다고 해서 인생 전체를 송두리째 던져버릴 필요는 없다. 바로 그 경험이 결국 우리의 미래를 새롭게 만들어내기 때문이다. 우리는 그저 기꺼이 흔들리며 나아가면 된다.

마지막으로 러디어드 키플링의 시 「만약에」로 이 책의 여정을 마치려 한다. 끝없이 요동치는 인생을 살아가는 데 필요한 태도가 담긴 작품이다. 눈앞에 펼쳐진 현실 그 자체를 받아들이고 그 안에서 진짜 자신을 발견하며 단단하게 나아가기를, 응원한다.

만약에

_조지프 러디어드 키플링

만일 네 평생 이룬 업적이 무너진다면

그리고 한마디의 말도 하지 않고 다시 세울 수 있다면

또는 네가 가진 것을 모두 한꺼번에 잃어도

그 어떤 내색이나 탄식을 하지 않는다면

만일 네가 사랑에 미치지 않고 사랑을 할 수 있다면

만일 네가 부드러움을 간직한 채 강해질 수 있다면

그리고 네가 미움을 받아도 상대방을 미워하지 않으면서

투쟁하고 자신을 지킬 수 있다면

만일 비열한 인간들이 어리석은 이들을 선동하기 위해

네가 한 말을 왜곡해도 견딜 수 있다면

그리고 이들의 광기 어린 입에서 너에 대한 거짓말이 나와

도 견디면서

너 스스로는 한마디도 거짓말을 하지 않을 수 있다면

만일 네가 민중이 되어도 품격을 잃지 않는다면

만일 네가 왕에게 조언하더라도 민중의 마음을 잃지 않는

다면

그리고 만일 네가 친구들을 너의 모든 것으로 생각하지 않

으면서도

친구들을 형제처럼 사랑할 수 있다면

만일 네가 명상하고 관찰하고 알 수 있다면

어떤 일이 있어도 회의적인 인간이 되거나 파괴자가 되지

마라.

꿈을 꾼다면 그 꿈에 지배당하지 마라.

생각을 한다면 사색자로만 남지 마라.

만일 네가 단호해져도 분노하는 자는 되지 않는다면

만일 네가 용감해져도 무모한 자는 되지 않는다면

만일 네가 좋은 사람이 되고 지혜로운 사람은 되더라도

지나친 도덕주의자나 현학자는 되지 않는다면

만일 네가 패배 다음에 승리를 만날 수 있다면

그리고 이 두 거짓말쟁이가 같은 편임을 받아들인다면

만일 모든 사람이 용기와 이성을 잃어도

너는 용기와 이성을 간직할 수 있다면

그렇다면 세상의 모든 왕과 신, 행운과 승리가

너의 노예가 되어 복종할 것이다.

그리고 세상의 왕들과 영광보다 가치가 있는 너

그런 너는 어른이 될 것이다, 나의 아들.

게오르크 빌헬름 프리드리히 헤겔, 김준수 옮김,『정신현상학』(전 2권), 아카넷, 2022.

노자, 오만종·오상금 옮김,『도덕경』, 전남대학교출판부, 2024.

데카르트, 이재훈 옮김,『방법서설』, 휴머니스트, 2024.

조지프 러디어드 키플링, 최영진 옮김,『만약에』, 살림어린이, 2015.

루키우스 안나이우스 세네카, 천병희 옮김,『인생이 왜 짧은가』, 숲, 2005.

마르셀 프루스트, 김희영 옮김,『잃어버린 시간을 찾아서』, 민음사, 2022.

마르쿠스 아우렐리우스, 박병덕 옮김,『아우렐리우스 명상록』, 육문사, 2023.

마티유 리카르, 김선희 옮김,『안녕, 우리 동물 이웃들』, 담앤북스, 2021.

몽테뉴, 정영훈 엮음, 안해린 옮김,『몽테뉴의 수상록』, 메이트북스, 2019.

아우구스티누스, 김병호 옮김,『고백론』, 집문당, 2023.

샤를 드골, 심상필 옮김,『드골, 희망의 기억』, 은행나무, 2013.

마크 트웨인, 노동욱 옮김,『허클베리 핀의 모험』, 아르테, 2024.

시오랑, 김정란 옮김,『태어났음의 불편함』, 현암사, 2020.

알베르 카뮈, 김화영 옮김,『스웨덴 연설』, 책세상, 2007.

알베르트 아인슈타인, 강승희 옮김, 『나는 세상을 어떻게 보는가』, 호메로스, 2024.

앙리 베르그송, 이광래 옮김, 『사유와 운동』, 문예출판사, 2001.

오이겐 헤리겔, 정창호 옮김, 『활쏘기의 선』, 삼우반, 2008.

윈스턴 처칠, 차병직 옮김, 『제2차 세계대전』(전 2권), 까치, 2016.

임마누엘 칸트, 백종현 옮김, 『실천이성비판』, 아카넷, 2019.

장 자크 루소, 박아르마 옮김, 『인간 불평등 기원론』, 세창출판사, 2021.

장 폴 사르트르, 방곤 옮김, 『실존주의는 휴머니즘이다』, 문예출판사, 2013.

장 폴 사르트르, 변광배 옮김, 『존재와 무』, 민음사, 2024.

장 폴 사르트르, 임호경 옮김, 『구토』, 문예출판사, 2020.

지크문트 프로이트, 김석희 옮김, 『문명 속의 불만』, 열린책들, 2020.

찰스 다윈, 장순근 옮김, 『찰스 다윈의 비글호 항해기』, 리잼, 2013.

프리드리히 니체, 김신종 옮김, 『깨진 틈이 있어야 그 사이로 빛이 들어온다: 차라투스트라는 이렇게 말했다』, 페이지2, 2024.

프리드리히 횔덜린, 장영태 옮김, 『시 전집』(전 2권), 책세상, 2017.

피에르 코르네유, 박무호 옮김, 『르 시드』, 지만지드라마, 2019.

한나 아렌트, 이진우 옮김, 『인간의 조건』, 한길사, 2019.

Alain, Propos sur le bonheur, Folio, 1985.

André Agassi, Open, J'ai Lu, 1997.

Barüch Spinoza, Éthique, Garnier Flammarion, 2017.

Claude Onesta, Le Règne des affranchis, Michel Lafon, 2021.

Clément Rosset, La Force majeure, Éditions de Minuit, 1983.

David Buckley, David Bowie, une étrange fascination, Flammarion, 2015.

Éditions de l'Association freudienne internationale, 2019.

Emmanuel Carrére, Le Royaume, Éditions de Minuit, 2016.

et La pensée et le mouvant (PUF)

Fichte, Fondements du droit naturel, PUF, 1999.

Freud, Essais de psychanalyse, Payot, 1989.

Gaston Bachelard, La Formation de l'esprit scientifique, Vrin, 1993.

Hèraclite, Fragments, PUF, 2011.

Jacques Lacan, Écrits, Points Seuil, 2014.

Jacques Lacan, L'Éthique de la psychanalyse,

Jean-Christophe Rufin, Immortelle Randonnèe, Compostelle malgré moi, Folio, 2014.

Julien Gracq, Un beau tènèbreux, José Corti, 1989.

Michel Tournier, Le Roi des Aulnes, Folio, 1975.

Michel Tournier, Vendredi ou la vie sauvage, Folio, 2012.

Patrick Boucheron, Leçon inaugurale au Collège de France, Fayard, 2015.

Philippe Hayat, L'Avenir à portèe de main, Allary Éditions, 2015.

Pierre Rey, Une saison chez Lacan, Points Seuil, 1990.

Rafael Nadal et John Carlin, Rafa, J'ai Lu, 2013.

René Char, Feuillets d'Hypnos, Folio, 2007.

René Char, Les Matinaux, Poésie Gallimard, 1969.

Samuel Beckett, Cap au pire, Éditions de Minuit, 1991.

• 여러 출판사에서 번역 출간된 경우 가장 최근에 출간된 도서로 표기했습니다.

혼들리는 삶을 위한 16가지 인생의 자세

태도의 철학

초판 1쇄 인쇄 2025년 1월 14일
초판 1쇄 발행 2025년 1월 22일

지은이 샤를 페팽
옮긴이 이주영
펴낸이 김선식

부사장 김은영
콘텐츠사업본부장 박현미
기획편집 박윤아 **디자인** 황정민 **책임마케터** 문서희
콘텐츠사업4팀장 임소연 **콘텐츠사업4팀** 황정민, 박윤아, 옥다애, 백지윤
마케팅1팀 박태준, 권오권, 오서영, 문서희
미디어홍보본부장 정명찬
브랜드관리팀 오수미, 김은지, 이소영, 박장미, 박주현, 서가을
뉴미디어팀 김민정, 정세림, 고나연, 변승주, 홍수경
지식교양팀 이수인, 염아라, 석찬미, 김혜원, 이지연
편집관리팀 조세현, 김호주, 백설희 **저작권팀** 성민경, 이슬, 윤제희
재무관리팀 하미선, 임혜정, 이슬기, 김주영, 오지수
인사총무팀 강미숙, 이정환, 김혜진, 황종원
제작관리팀 이소현, 김소영, 김진경, 최완규, 이지우
물류관리팀 김형기, 김선진, 주정훈, 양문현, 채원석, 박재연, 이준희, 이민운

펴낸곳 다산북스 **출판등록** 2005년 12월 23일 제313-2005-00277호
주소 경기도 파주시 회동길 490 다산북스 파주사옥 3층
전화 02-702-1724 **팩스** 02-703-2219 **이메일** dasanbooks@dasanbooks.com
홈페이지 www.dasanbooks.com **블로그** blog.naver.com/dasan_books
용지 스마일몬스터 **인쇄 및 제본** 상지사 **코팅 및 후가공** 제이오엘앤피

ISBN 979-11-306-6253-4 (03100)